U0499680

2024 中财传媒版
年度全国会计专业技术资格考试辅导系列丛书·注定会赢®

财务管理
全真模拟试题

财政部中国财经出版传媒集团　组织编写

中国财经出版传媒集团
经济科学出版社
·北京·

图书在版编目（CIP）数据

财务管理全真模拟试题/财政部中国财经出版传媒
集团组织编写. -- 北京：经济科学出版社，2024.4
（中财传媒版 2024 年度全国会计专业技术资格考试辅
导系列丛书. 注定会赢）
ISBN 978 - 7 - 5218 - 5760 - 3

Ⅰ.①财… Ⅱ.①财… Ⅲ.①财务管理 - 资格考试 -
习题集 Ⅳ.①F275 - 44

中国国家版本馆 CIP 数据核字（2024）第 067072 号

责任校对：李　建
责任印制：邱　天

财务管理全真模拟试题
CAIWU GUANLI QUANZHEN MONI SHITI
财政部中国财经出版传媒集团　组织编写
经济科学出版社出版、发行　新华书店经销
社址：北京市海淀区阜成路甲 28 号　邮编：100142
总编部电话：010 - 88191217　发行部电话：010 - 88191522
天猫网店：经济科学出版社旗舰店
网址：http://jjkxcbs.tmall.com
固安华明印业有限公司印装
787 × 1092　16 开　9.5 印张　210000 字
2024 年 4 月第 1 版　2024 年 4 月第 1 次印刷
ISBN 978 - 7 - 5218 - 5760 - 3　定价：38.00 元
（图书出现印装问题，本社负责调换。电话：010 - 88191545）
（打击盗版举报热线：010 - 88191661，QQ：2242791300）

前　言

2024 年度全国会计专业技术中级资格考试大纲已经公布，辅导教材也已正式出版发行。与上年度相比，新考试大纲及辅导教材的内容发生了较大变化。为了帮助考生准确理解和掌握新大纲和新教材的内容、顺利通过考试，中国财经出版传媒集团本着对广大考生负责的态度，严格按照新大纲和新教材内容，组织编写了中财传媒版 2024 年度全国会计专业技术资格考试辅导"注定会赢"系列丛书。

该系列丛书包含"精讲精练""通关题库""全真模拟试题""要点随身记""速刷 360 题"等 5 个子系列，共 15 本图书，具有重点把握精准、难点分析到位、题型题量贴切、模拟演练逼真等特点。本书属于"全真模拟试题"子系列，包括 8 套试题，其题型、题量及难易程度均依照 2023 年度全国会计专业技术中级资格考试真题设计，每套试题附有答案速查、参考答案及解析，帮助考生增强应考冲刺能力。

中国财经出版传媒集团为购买本书的读者提供线上增值服务。读者可通过扫描封面下方的"注定会赢"微信公众号二维码下载"中财云知"App，免费享有题库练习、模拟测试、每日一练、学习答疑等增值服务。

全国会计专业技术资格考试是我国评价选拔会计人才、促进会计人员成长的重要渠道，也是落实会计人才强国战略的重要措施。希望广大考生在认真学习教材内容的基础上，结合本丛书准确理解和全面掌握应试知识点内容，顺利通过考试，不断取得更大进步，为我国会计事业的发展作出更大贡献！

书中如有疏漏和不当之处，敬请批评指正。

财政部中国财经出版传媒集团

2024 年 4 月

目　录

2024 年度中级会计资格《财务管理》全真模拟试题（一）……………………（ 1 ）

2024 年度中级会计资格《财务管理》全真模拟试题（二）……………………（ 10 ）

2024 年度中级会计资格《财务管理》全真模拟试题（三）……………………（ 18 ）

2024 年度中级会计资格《财务管理》全真模拟试题（四）……………………（ 27 ）

2024 年度中级会计资格《财务管理》全真模拟试题（五）……………………（ 35 ）

2024 年度中级会计资格《财务管理》全真模拟试题（六）……………………（ 45 ）

2024 年度中级会计资格《财务管理》全真模拟试题（七）……………………（ 54 ）

2024 年度中级会计资格《财务管理》全真模拟试题（八）……………………（ 63 ）

2024 年度中级会计资格《财务管理》全真模拟试题（一）

　　答案速查、参考答案及解析 ……………………………………………（ 71 ）

2024 年度中级会计资格《财务管理》全真模拟试题（二）

　　答案速查、参考答案及解析 ……………………………………………（ 80 ）

2024 年度中级会计资格《财务管理》全真模拟试题（三）

　　答案速查、参考答案及解析 ……………………………………………（ 89 ）

2024 年度中级会计资格《财务管理》全真模拟试题（四）

　　答案速查、参考答案及解析 ……………………………………………（ 97 ）

2024 年度中级会计资格《财务管理》全真模拟试题（五）

　　答案速查、参考答案及解析 ……………………………………………（106）

2024 年度中级会计资格《财务管理》全真模拟试题（六）

　　答案速查、参考答案及解析 ……………………………………………（116）

2024 年度中级会计资格《财务管理》全真模拟试题（七）

　　答案速查、参考答案及解析 ……………………………………………（125）

2024 年度中级会计资格《财务管理》全真模拟试题（八）

　　答案速查、参考答案及解析 ……………………………………………（135）

2024 年度中级会计资格
《财务管理》全真模拟试题（一）

一、单项选择题（本类题共 20 小题，每小题 1.5 分，共 30 分。每小题备选答案中，只有一个符合题意的正确答案。错选、不选均不得分）

1. 下列关于股东财富最大化目标的表述中，错误的是（　　）。
   A. 股东财富最大化目标考虑了风险因素
   B. 股东财富最大化目标一定程度上能够避免企业的短期行为
   C. 股东财富最大化目标非上市公司难以使用
   D. 股东财富最大化目标考虑其他利益相关者的利益

2. 关于风险管理对策中的风险承担对策，下列表述不正确的是（　　）。
   A. 风险承担是指企业对所面临的风险采取接受的态度
   B. 对未能辨识出的风险，企业只能采用风险承担
   C. 对于辨识出的风险，企业可能由于缺乏能力进行主动管理、没有其他备选方案等因素而选择风险承担
   D. 对于企业的重大风险，企业可以采用风险承担对策

3. 甲公司购置一台设备，与供应商商定延迟一年付款，从第二年开始，每季度初支付 100 万元，共支付 4 次。假设年利率为 6%，按季度复利计算，下列对其现值的计算公式错误的是（　　）。
   A. $100 \times (P/A, 1.5\%, 4) \times (P/F, 1.5\%, 4)$
   B. $100 \times (P/A, 1.5\%, 4) \times (P/F, 1.5\%, 3)$
   C. $100 \times (P/A, 1.5\%, 4) \times (1 + 1.5\%) \times (P/F, 1.5\%, 4)$
   D. $100 \times [(P/A, 1.5\%, 7) - (P/A, 1.5\%, 3)]$

4. 下列关于定期预算方法的表述中，不正确的是（　　）。
   A. 定期预算是在编制预算时以固定会计期间作为预算期的一种预算编制方法
   B. 定期预算使预算期间与会计期间相对应，便于对预算执行情况进行分析和考核
   C. 定期预算使管理人员只考虑预算期之内的事情，缺乏长远打算，导致短期行

为出现

  D. 定期预算方法与弹性预算方法相对应

 5. 某企业 2024 年第一季度产品生产量预计为 1 500 件，单位产品材料用量 5 千克/件，年初材料库存量 1 000 千克，第一季度根据第二季度生产耗用材料的 10% 安排季末存量，预计第二季度生产耗用 7 800 千克材料。材料采购价格预计为 12 元/千克，年初应付账款为 20 000 元，企业各季度采购金额中 60% 当季度付现，40% 下季度付现，则该企业第一季度材料现金支出金额为（　　）元。

  A. 72 416   B. 87 360

  C. 92 640   D. 99 360

 6. 下列各项中，不属于债务筹资优点的是（　　）。

  A. 筹资成本负担较轻

  B. 筹资弹性较大

  C. 筹资速度较快

  D. 可形成企业稳定的资本基础

 7. 下列关于赎回条款的说法中，正确的是（　　）。

  A. 对债券持有人有利

  B. 对发行人有利

  C. 发债公司在可转换债券转换时，可以按一定条件赎回债券

  D. 公司股票价格在一段时期内连续低于转股价格达到某一幅度时可以采用赎回条款

 8. 某房地产公司计划投资一个保健品项目 A，预计该项目债务资金占 30%，债务资金年利率为 6%。保健品上市公司代表企业 B 公司 $\beta_{权益}$ 为 0.9，债务/权益为 1/1，企业所得税税率为 25%。假设无风险报酬率为 6%，市场组合的平均报酬率为 11%，则投资项目 A 的资本成本为（　　）。

  A. 6%   B. 7.65%

  C. 7.9%   D. 11%

 9. 如果甲企业经营杠杆系数为 1.5，总杠杆系数为 3，则下列说法不正确的是（　　）。

  A. 如果销售量增加 12%，息税前利润将增加 18%

  B. 如果息税前利润增加 20%，每股收益将增加 40%

  C. 如果销售量增加 10%，每股收益将增加 30%

  D. 如果每股收益增加 30%，销售量需要增加 5%

 10. 企业的经营状况、行业特征和企业发展周期会影响资本结构，下列各项中，应降低债务资本比重的是（　　）。

  A. 产品市场稳定的成熟产业 B. 高新技术企业

  C. 企业产销业务稳定   D. 企业发展成熟阶段

 11. 下列关于资本结构优化的表述中，错误的是（　　）。

  A. 资本结构优化的目标，是降低平均资本成本率或提高企业价值

  B. 当预期息税前利润或业务量水平大于每股收益无差别点时，应当选择债务筹资方案

  C. 每股收益分析法、平均资本成本比较法和公司价值分析法均考虑了风险因素

  D. 公司价值分析法适用于资本规模较大的上市公司资本结构优化分析

  12. 某公司按照"2/20，N/60"的付款条件从另一公司购入价值 1 000 万元的货物，由于资金调度的限制，该公司放弃了获取 2% 现金折扣的机会，并申请展期，到第 70 天才付款，一年按 360 天计算，公司为此承担的信用成本率是（ ）。

  A. 14.69%　　　　　　　　　　B. 2%

  C. 10.29%　　　　　　　　　　D. 18.37%

  13. 某投资项目某年的营业收入为 60 万元，付现成本为 20 万元，税后营业利润为 15 万元，所得税税率为 25%，则该年营业现金净流量为（ ）万元。

  A. 15　　　　　　　　　　　　B. 33.33

  C. 35　　　　　　　　　　　　D. 40

  14. 某债券面值 1 000 元，票面利率为 10%，每年付息一次，到期归还本金，该债券 5 年后到期，目前该债券市价为 1 050 元，甲投资者将该债券持有至到期日，则该债券的内部收益率为（ ）。[（P/A，8%，5）= 3.9927；（P/A，9%，5）= 3.8897；（P/F，9%，5）= 0.6499；（P/F，8%，5）= 0.6806]

  A. 6.77%　　　　　　　　　　B. 7.77%

  C. 8.73%　　　　　　　　　　D. 9.23%

  15. 甲、乙公司已进入稳定增长状态，股票信息如下：

项目	甲	乙
最近一期支付的每股股利（元）	0.75	0.55
股利稳定增长率（%）	6	8
股票价格（元）	15	18

下列关于甲、乙股票投资的说法中，正确的是（ ）。

  A. 甲、乙股票预期股利收益率相同

  B. 甲、乙股票内部收益率相同

  C. 甲股票资本利得收益率高

  D. 乙股票内部收益率高

  16. 某公司生产并销售单一产品，适用的消费税税率为 5%，本期计划销售量为 80 000 件，公司产销平衡，完全成本总额为 360 000 元，公司将目标利润定位在 400 000 元，则单位产品价格应为（ ）元。

  A. 10　　　　　　　　　　　　B. 5

C. 9.5   D. 4.5

17. 下列各项中，不会导致企业减少股利发放的是（   ）。

    A. 避税

    B. 盈余波动较大

    C. 现金流量充足且稳定

    D. 固定资产在全部资产中所占比重较大

18. 影响速动比率可信性最主要的因素是（   ）。

    A. 存货的变现能力   B. 短期证券的变现能力

    C. 产品的变现能力   D. 应收账款的变现能力

19. 某公司上期营业收入为 1 000 万元，本期期初应收账款为 120 万元，本期期末应收账款为 180 万元，本期应收账款周转率为 8 次，则本期的营业收入增长率为（   ）。

    A. 20%   B. 12%

    C. 18%   D. 50%

20. 权益乘数越高，通常反映的信息是（   ）。

    A. 财务结构越稳健   B. 长期偿债能力越强

    C. 财务杠杆效应越强   D. 债权人权益的保障程度越高

二、多项选择题（本类题共 10 小题，每小题 2 分，共 20 分。每小题备选答案中，有两个或两个以上符合题意的正确答案。请至少选择两个答案。全部选对得满分，少选得相应分值，多选、错选、不选均不得分）

1. 在通货膨胀初期，为了减轻通货膨胀对企业造成的不利影响，企业应当采取的防范措施包括（   ）。

    A. 进行投资可以避免风险，实现资本保值

    B. 取得长期负债，保持资本成本的稳定

    C. 采用比较严格的信用条件，减少企业债权

    D. 与客户应签订长期购货合同，以减少物价上涨造成的损失

2. 下列资本结构理论中，认为资本结构影响企业价值的有（   ）。

    A. 最初的 MM 理论   B. 修正的 MM 理论

    C. 权衡理论   D. 代理理论

3. 下列关于资本结构优化方法的说法中，正确的有（   ）。

    A. 平均资本成本比较法侧重于从资本支出的角度对筹资方案和资本结构进行优化分析

    B. 公司价值分析法适用于资本规模较大的上市公司资本结构优化分析

    C. 公司价值分析法考虑了市场风险

    D. 根据每股收益无差别点，可以分析判断在什么样的净利润水平下适于采用何种资本结构

4. 项目投资管理的特点包括（　　　）。

   A. 属于企业的非程序化管理　　　　　B. 属于企业的程序化管理

   C. 投资价值的波动性大　　　　　　　D. 属于企业的战略决策

5. 关于股票股利和股票分割，下列表述正确的有（　　　）。

   A. 均会引起股票股数增加　　　　　　B. 均会引起股本增加

   C. 均引起所有者权益总额增加　　　　D. 均不会引起资本结构变化

6. 下列各项中，与确定存货保险储备量决策相关的成本有（　　　）。

   A. 单位存货的购置成本　　　　　　　B. 单位存货的变动储存成本

   C. 年固定储存成本　　　　　　　　　D. 单位存货的缺货成本

7. 某产品的单位变动成本因原材料涨价提高了 2 元，企业为抵销该变动的不利影响决定产品售价也提高 2 元，假设其他因素不变，则该产品的（　　　）。

   A. 盈亏平衡点的销售量增加

   B. 单位边际贡献增加

   C. 安全边际额增加

   D. 盈亏平衡点的销售额增加

8. 下列关于股利政策的说法中，符合代理理论观点的有（　　　）。

   A. 股利政策应当向市场传递有关公司未来获利能力的信息

   B. 股利政策是协调股东与管理者之间代理关系的约束机制

   C. 高股利政策有利于降低公司的代理成本

   D. 理想的股利政策应当是发放尽可能高的现金股利

9. 下列指标中，能够反映获取现金能力的指标有（　　　）。

   A. 全部资产现金回收率　　　　　　　B. 营业现金比率

   C. 现金比率　　　　　　　　　　　　D. 每股营业现金净流量

10. 计算稀释每股收益时，需考虑潜在普通股的影响，下列各项中，属于潜在普通股的有（　　　）。

   A. 认股权证　　　　　　　　　　　　B. 股份期权

   C. 库存股　　　　　　　　　　　　　D. 可转换公司债券

三、判断题（本类题共 10 小题，每小题 1 分，共 10 分。请判断每小题的表述是否正确。每小题答题正确的得 1 分，错答、不答均不得分，也不扣分）

1. 个人独资企业由一个自然人投资，全部资产为个人所有，具有法人资格。（　　　）

2. 工业工程法通常适用于历史成本数据充足，投入成本与产出数量之间有规律性联系的成本分解。（　　　）

3. 制造业企业在编制利润表预算时，"销售成本"项目数据的来源是销售预算。

   （　　　）

4. 平均资本成本比较法认为，能够降低平均资本成本的资本结构，就是合理的资本结构。

   （　　　）

5. 营运资金是指投放在流动资产上的长期资金的数额。（　　）

6. 两项资产之间的正相关程度越低，其投资组合可分散投资风险的效果就越小；两项资产之间的负相关程度越高，其投资组合可分散投资风险的效果就越大。（　　）

7. 在标准成本法下，变动制造费用成本差异指的是实际变动制造费用与预算产量下标准变动制造费用之间的差额。（　　）

8. 股利无关理论认为，公司市场价值的高低，是由公司所选择的投资决策的获利能力和风险组合所决定，而与公司的利润分配政策无关。（　　）

9. 企业纳税筹划的表现为减少税负和递延纳税。（　　）

10. 净收益营运指数是收益质量分析的重要指标，一般而言，净收益营运指数越小，表明企业收益质量越好。（　　）

四、计算分析题（本类题共 3 小题，共 15 分。凡要求计算的，可不列出计算过程；计算结果出现两位以上小数的，均四舍五入保留小数点后两位小数，百分比指标保留百分号前两位小数。凡要求解释、分析、说明理由的，必须有相应的文字阐述）

1. 甲公司生产并销售某种产品，目前采用现金销售政策，年销售量 180 000 件，产品单价 10 元，单位变动成本 6 元。为了扩大销售量，甲公司拟将目前的现销政策改为赊销并提供一定的现金折扣，信用政策为"2/10，n/30"。改变信用政策后，年销售量预计提高 12%，预计 50% 的客户（按销售量计算，下同）会享受现金折扣优惠，40% 的客户在 30 天内付款，10% 的客户平均在信用期满后 20 天付款，收回逾期应收账款发生的收账费用为逾期金额的 3%。等风险投资的必要收益率为 15%，一年按 360 天计算。

要求：计算改变信用政策引起的以下项目的变动额。

（1）边际贡献变动额。

（2）现金折扣成本变动额。

（3）应收账款占用资金的应计利息变动额。

（4）收账费用的变动额。

（5）改变信用政策引起的税前损益变化，并说明改变信用政策是否可行。

2. D 公司生产和销售甲、乙两种产品，甲、乙两种产品的年销量分别为 50 000 件和 30 000 件；产品的单位售价分别为 2 元和 10 元；边际贡献率分别为 20% 和 10%；全年固定成本为 45 000 元。

要求：

（1）计算下列指标：用销售额表示的盈亏平衡点；用业务量表示的甲、乙两种产品的盈亏平衡点；安全边际额；预计利润。

（2）该公司预计，如果增加广告费 2 450 元，可使甲产品的销售量增至 60 000 件，而乙产品的销量下降到 28 000 件。计算增加广告费 2 450 元时 D 公司盈亏平衡点的销售额，并说明采取这一广告措施是否合理。

3. 某公司成立于 2022 年 1 月 1 日，2022 年度实现的净利润为 1 000 万元，分配现金股利 550 万元，提取盈余公积 450 万元（所提盈余公积均已指定用途）。2023 年实现的净利润为 900 万元（不考虑计提法定盈余公积的因素）。2024 年计划增加投资，所需资金为 700 万元。假定公司目标资本结构为权益资金占 60%，借入资金占 40%。

要求：

（1）在保持目标资本结构的前提下，计算 2024 年投资方案所需的权益资金额和需要从外部借入的资金额。

（2）在保持目标资本结构的前提下，如果公司执行剩余股利政策。计算 2023 年度应分配的现金股利。

（3）在不考虑目标资本结构的前提下，如果公司执行固定股利政策，计算 2023 年度应分配的现金股利、可用于 2024 年投资的留存收益和需要额外筹集的资金额。

（4）不考虑目标资本结构的前提下，如果公司执行固定股利支付率政策，计算该公司的股利支付率和 2023 年度应分配的现金股利。

（5）假定公司 2024 年面临着从外部筹资的困难，只能从内部筹资，不考虑目标资本结构，计算在此情况下 2023 年度应分配的现金股利。

五、综合题（本类题共 2 小题，共 25 分。凡要求计算的，可不列出计算过程；计算结果出现两位以上小数的，均四舍五入保留小数点后两位小数，百分比指标保留百分号前两位小数。凡要求解释、分析、说明理由的，必须有相应的文字阐述）

1. A 公司是一家零售商，正在编制 12 月的预算，有关资料如下：

（1）预计 2024 年 11 月 30 日资产负债表如下表所示。

预计资产负债表（简表）

2024 年 11 月 30 日

单位：万元

资产	金额	负债及所有者权益	金额
现金	22	应付账款	162
应收账款	76	应付利息	11
存货	132	银行借款	120
固定资产	770	实收资本	700
		未分配利润	7
资产总计	1 000	负债及所有者权益总计	1 000

（2）销售收入预计：2024 年 11 月 200 万元，12 月 220 万元；2025 年 1 月 230 万元。

（3）销售收现预计：销售当月收回 60%，次月收回 38%，其余 2% 无法收回（坏账）。

（4）采购付现预计：销售商品的 80% 在前一个月购入，销售商品的 20% 在当月购入；所购商品的进货款项，在购买的次月支付。

（5）预计 12 月购置固定资产需支付 60 万元；全年折旧费 216 万元；除折旧外的其他管理费用均须用现金支付，预计 12 月为 26.5 万元；12 月末归还一年前借入的到期借款 120 万元。

（6）预计营业成本率（营业成本/营业收入×100%）为 75%。

（7）预计银行借款年利率 10%，还款时支付利息。

（8）企业最低现金余额 5 万元；预计现金余额不足 5 万元时，在每月月初从银行借入，借款金额是 1 万元的整数倍。

（9）假设公司按月计提应计利息和坏账准备。

要求：计算 12 月下列各项的预算金额。

（1）销售收回的现金、进货支付的现金、本月新借入的银行借款。

（2）现金、应收账款、应付账款、存货的期末余额。

（3）税前利润。

2. B 公司为一家上市公司，适用的企业所得税税率为 25%，相关资料如下。

资料一：2023 年 12 月 31 日发行在外的普通股为 10 000 万股（每股面值 1 元），公司债券为 24 000 万元（该债券发行于 2020 年年初，期限 5 年，每年年末付息一次，利息率为 5%），2023 年息税前利润为 5 000 万元。假定全年没有发生其他应付息债务，没有优先股。

资料二：B 公司打算在 2024 年为一个新投资项目筹资 10 000 万元，该项目当年建成并投产。预计该项目投产后公司每年息税前利润会增加 1 000 万元。现有甲、乙两个方案可供选择，其中：甲方案为平价发行利息率为 6% 的公司债券；乙方案为增发 2 000 万股普通股。假定各方案的筹资费用均为 0，且均在 2024 年 1 月 1 日发行完毕。部分预测数据如下表所示。

甲、乙方案部分预测数据

项目	甲方案	乙方案
增资后息税前利润（万元）	6 000	6 000
增资前利息（万元）	×	×
新增利息（万元）	×	×
增资后利息（万元）	（A）	×
增资后税前利润（万元）	×	4 800
增资后税后利润（万元）	×	3 600
增资后普通股股数（万股）	×	×
增资后每股收益（元）	0.315	（B）

说明：表中"×"表示省略的数据。

要求：

（1）根据资料一计算 B 公司 2024 年的财务杠杆系数。

（2）计算甲、乙两个方案的每股收益无差别点息税前利润。

（3）用每股收益分析法判断应采取哪个方案，并说明理由。

（4）确定表中用字母表示的数值（不需要列示计算过程）。

2024 年度中级会计资格
《财务管理》全真模拟试题（二）

一、单项选择题（本类题共 20 小题，每小题 1.5 分，共 30 分。每小题备选答案中，只有一个符合题意的正确答案。错选、不选均不得分）

1. 集权与分权相结合型财务管理体制下，公司各所属单位应该拥有的权利一般包括（　　）。
   A. 费用开支审批权　　　　　　　　　B. 收益分配权
   C. 固定资产购置权　　　　　　　　　D. 筹资、融资权

2. 下列财务管理目标中，容易导致企业短期行为的是（　　）。
   A. 股东财富最大化　　　　　　　　　B. 企业价值最大化
   C. 相关者利益最大化　　　　　　　　D. 利润最大化

3. 某投资者购买公司债券，年利率为 12%，每季度获得一次利息，则投资者实际获得的年收益率为（　　）。
   A. 12%　　　　　B. 12.34%　　　　　C. 3%　　　　　D. 12.55%

4. 当两项资产收益率之间的相关系数为 0 时，下列表述中不正确的是（　　）。
   A. 两项资产收益率之间没有相关性
   B. 投资组合的风险最小
   C. 投资组合可分散风险的效果比正相关的效果要大
   D. 投资组合可分散风险的效果比负相关的效果要小

5. 某企业预计 7 月、8 月材料需用量分别为 600 吨、700 吨，各月月末材料存量为下个月预计需用量的 15%，7 月预计材料采购量是（　　）吨。
   A. 600　　　　　B. 705　　　　　C. 615　　　　　D. 500

6. 企业因发放现金股利的需要而进行筹资的动机属于（　　）。
   A. 扩张性筹资动机　　　　　　　　　B. 支付性筹资动机
   C. 创立性筹资动机　　　　　　　　　D. 调整性筹资动机

7. 下列各项中，属于外部权益筹资的是（　　）。
   A. 利用商业信用　　　　　　　　　　B. 吸收直接投资

    C. 利用留存收益   D. 发行债券

8. 在成熟资本市场上，根据优序融资理论，适当的筹资顺序是（   ）。

    A. 内部筹资、银行借款、发行债券、发行可转换债券、发行普通股

    B. 发行普通股、发行可转换债券、内部筹资、银行借款、发行债券

    C. 内部筹资、发行普通股、银行借款、发行债券、发行可转换债券

    D. 发行普通股、发行可转换债券、银行借款、内部筹资、发行债券

9. 甲公司基期息税前利润为 2 000 万元，基期利息费用为 400 万元，假设与财务杠杆相关的其他因素保持不变，则该公司计划期的财务杠杆系数为（   ）。

    A. 5   B. 1.67   C. 1.25   D. 1.88

10. 下列投资活动中，属于间接投资的是（   ）。

    A. 建设新的生产线   B. 开办新的子公司

    C. 吸收合并其他企业   D. 购买公司债券

11. 下列关于现金比率的说法中，不正确的是（   ）。

    A. 最能反映企业直接偿付债务的能力

    B. 现金比率过高会影响企业盈利能力

    C. 表明每 1 元流动负债有多少现金资产作为偿债保障

    D. 现金资产包括货币资金和交易性金融资产等

12. 某公司 2020 年度销售收入为 6 000 万元。年初应收账款余额为 300 万元，年末应收账款余额为 500 万元，坏账准备按应收账款余额 10% 提取。一年按 360 天计算，则该公司应收账款周转天数为（   ）天。

    A. 15   B. 17   C. 22   D. 24

13. 假定 A 公司只产销一种产品，本年度单位变动制造成本为 5 元，单位变动销售管理费用为 1 元，变动成本总额为 84 000 元，共取得税前营业利润为 18 000 元。若该公司下年度销售单价维持不变，变动成本率仍维持本年度的 40%，则该企业盈亏平衡点的销售量为（   ）件。

    A. 18 000   B. 14 000   C. 12 000   D. 10 000

14. 对于一家制造企业而言，在作业成本法下，下列作业中属于产量级作业的是（   ）。

    A. 设备调试   B. 产品广告

    C. 生产流程监控   D. 产品加工

15. 在标准成本法下，下列各项中，不属于直接材料用量差异形成原因的是（   ）。

    A. 产品废品率的高低   B. 直接材料运输方式的不同

    C. 产品设计结构的变化   D. 工人的技术熟练程度

16. 关于销售预测的趋势预测分析法，下列说法中正确的是（   ）。

    A. 算术平均法适用于销售量波动较大的产品预测

    B. 移动平均法的代表性较差

C. 加权平均法的权数选取应遵循"近小远大"的原则

D. 采用指数平滑法时，在销售量波动较小或进行长期预测时，可选择较大的平滑指数

17. 能够薄利多销的企业适用于将（　　）作为企业的定价目标。

A. 实现利润最大化 　　　　　　　B. 保持或提高市场占有率

C. 稳定价格 　　　　　　　　　　D. 应付和避免竞争

18. 假定其他条件不变，下列各项经济业务中，会导致公司总资产净利率下降的是（　　）。

A. 投资购买短期证券 　　　　　　B. 发放股票股利

C. 用银行存款购入材料 　　　　　D. 增发股票

19. 某企业目前的速动比率大于1，若其他条件不变，下列措施中，能够提高该企业速动比率的是（　　）。

A. 以银行存款偿还长期借款 　　　B. 以银行存款购买原材料

C. 收回应收账款 　　　　　　　　D. 以银行存款偿还短期借款

20. 甲公司无优先股，去年每股收益为4元，每股发放股利2元，留存收益在过去一年中增加了500万元。年底每股净资产为30元，负债总额为5 000万元，则该公司的资产负债率为（　　）。

A. 30% 　　　　B. 33% 　　　　C. 40% 　　　　D. 44%

二、多项选择题（本类题共10小题，每小题2分，共20分。每小题备选答案中，有两个或两个以上符合题意的正确答案。请至少选择两个答案。全部选对得满分，少选得相应分值，多选、错选、不选均不得分）

1. 下列关于以相关者利益最大化为财务管理目标的说法中，正确的有（　　）。

A. 否定股东的首要地位，忽视企业与股东之间的协调关系

B. 有利于企业长期稳定发展

C. 体现了前瞻性和现实性的统一

D. 体现了合作共赢的价值理念

2. 某投资组合由证券A和证券B构成，证券A占40%，证券B占60%。证券A的预期收益率10%，标准差12%，β系数1.2；证券B的预期收益率8%，标准差8%，β系数0.8。下列说法中，正确的有（　　）。

A. 投资组合的预期收益率等于8.8%

B. 投资组合的β系数等于0.96

C. 投资组合的标准差率等于0.9

D. 投资组合的标准差等于10%

3. 下列筹资方式中，可以降低财务风险的有（　　）。

A. 银行借款筹资 　　　　　　　　B. 留存收益筹资

C. 普通股筹资 　　　　　　　　　D. 租赁筹资

4. 股票上市对公司可能的不利影响有（　　）。
　　A. 商业机密容易泄露　　　　　　　B. 公司价值不易确定
　　C. 控制权容易分散　　　　　　　　D. 信息披露成本较高

5. 如果不考虑其他因素，固定成长股票的价值（　　）。
　　A. 与预期股利成正比
　　B. 与投资的必要报酬率成反比
　　C. 与预期股利增长率同方向变化
　　D. 与预期股利增长率反方向变化

6. 原材料年需求量为 90 000 千克（一年按 360 天计算），采购单价为 30 元/千克，每次订货变动成本为 50 元，单位变动储存成本为 1 元/千克。基于经济订货基本模型，下列说法正确的有（　　）。
　　A. 变动订货成本为 1 500 元
　　B. 经济订货量平均占用资金为 90 000 元
　　C. 最佳订货周期为 12 天
　　D. 经济订货批量为 3 000 千克

7. 如果采用加权平均法计算综合盈亏平衡点，下列各项中，将会影响综合盈亏平衡点大小的有（　　）。
　　A. 固定成本总额　　　　　　　　　B. 销售结构
　　C. 单价　　　　　　　　　　　　　D. 单位变动成本

8. 某产品单价 8 元，单位变动成本 5 元，固定成本 3 000 元，计划产销量 1 000 件，欲实现目标利润 1 000 元，应（　　）。
　　A. 提高单价 1 元
　　B. 降低单位变动成本 1 元
　　C. 减少固定成本 1 000 元
　　D. 提高单价 0.5 元，同时提高产销量 100 件并减少固定成本 200 元

9. 下列各项中，可以向投资者传递公司发展前景良好信息的有（　　）。
　　A. 财产股利　　　　　　　　　　　B. 股票股利
　　C. 股票回购　　　　　　　　　　　D. 股票分割

10. 企业采取的下列措施中，能够减少营运资本需求的有（　　）。
　　A. 加速应收账款周转　　　　　　　B. 加速应付账款的偿还
　　C. 加速固定资产周转　　　　　　　D. 加速存货周转

三、判断题（本类题共 10 小题，每小题 1 分，共 10 分。请判断每小题的表述是否正确。每小题答题正确的得 1 分，错答、不答均不得分，也不扣分）

1. 资金的间接转移是需要资金的企业或其他资金不足者将股票或债券出售给资金剩余者。　　　　　　　　　　　　　　　　　　　　　　　　　　　　（　　）

2. 滚动预算中的混合滚动是指在编制预算的第一个季度按季度滚动，后三个季度

按月份滚动。　　　　　　　　　　　　　　　　　　　　　　　（　　）

3. 与银行借款相比，租赁筹资财务风险较低，资本成本较低，财务优势明显。

　　　　　　　　　　　　　　　　　　　　　　　　　　　　　　（　　）

4. 代理理论认为，均衡的企业所有权结构是由股权代理成本和债务代理成本之间的平衡关系来决定的。　　　　　　　　　　　　　　　　　　（　　）

5. 最佳资本结构是指在一定条件下使企业平均资本成本率最低的资本结构。（　　）

6. 某企业在生产经营淡季将生产过程中游离出来的部分资金进行了短期债券投资，这样做符合分散资金投向，降低投资风险的目的。　　　　　　　（　　）

7. 成本中心应用范围最广，只要有成本发生的单位都可以成为成本中心。（　　）

8. 在标准成本法下，变动制造费用成本差异指的是实际变动制造费用与预算产量下的标准变动制造费用之间的差额。　　　　　　　　　　　　　（　　）

9. 在股权登记日前，股利权从属于股票，从股权登记日开始，股利权与股票相分离。　　　　　　　　　　　　　　　　　　　　　　　　　　　（　　）

10. 市盈率越高，意味着投资者对股票的收益预期越看好，投资价值越大，投资于该股票的风险越小。　　　　　　　　　　　　　　　　　　　　（　　）

四、计算分析题（本类题共 3 小题，共 15 分。凡要求计算的，可不列出计算过程；计算结果出现两位以上小数的，均四舍五入保留小数点后两位小数，百分比指标保留百分号前两位小数。凡要求解释、分析、说明理由的，必须有相应的文字阐述）

1. 某生产企业生产需要使用 A 零件，A 零件的全年（按 360 天计算）需求量为 3 600 件，假定 A 零件日耗均衡，可以外购，也可以自制。如果外购需从外地进货，单价 4 元，一次订货成本 10 元，从订货到送达正常需要 3 天，鉴于延迟交货会产生较大损失，公司按照延误天数 2 天建立保险储备；如果自制，单位制造成本 3 元，每次生产准备成本 600 元，每日产量 50 件。储存变动成本为零件价值的 20%。

要求：

（1）若选择外购：

①经济订货批量为多少？

②与经济订货批量相关的总成本为多少？

③再订货点为多少？

（2）若选择自制：

①经济生产批量为多少？

②与经济生产批量相关的总成本为多少？

（3）计算外购与自制包含购置（或制造）的总成本，并决策应选择外购还是自制。

2. 甲公司当年销售额为 3 000 万元（全部为赊销），变动成本率为 50%，固定成本总额为 100 万元，应收账款平均收现期为 30 天，坏账损失占销售额的 0.2%。公司为扩大市场份额，计划于次年放宽信用期限并开始提供现金折扣。经测算，采用新信用政策后销售额将增至 3 600 万元（全部为赊销），应收账款平均收现期延长到 36 天，客户享受到的现金折扣占销售额的 0.5%，坏账损失占销售额的 0.3%，变动成本率与固定成本总额保持不变。一年按 360 天计算，不考虑企业所得税等其他因素，并假设公司进行等风险投资的必要收益率为 10%。

要求：

（1）计算公司采用新信用政策而增加的应收账款机会成本。

（2）计算公司采用新信用政策而增加的坏账损失与现金折扣成本。

（3）计算公司采用新信用政策而增加的边际贡献。

（4）计算新信用政策增加的损益，并据此判断改变信用政策是否合理。

3. 某企业拟采购一批原材料，价值 10 000 元，供应商规定的付款条件如下：

（1）立即付款，价格 9 630 元。

（2）第 20 天付款，价格 9 750 元。

（3）第 40 天付款，价格 9 870 元。

（4）第 60 天付款，价格 10 000 元。

要求：假设银行短期贷款的利率为 23%，计算放弃现金折扣的成本（比率），并确定对该公司最有利的付款日期和付款价格（一年按 360 天计算）。

五、综合题（本类题共 2 小题，共 25 分。凡要求计算的，可不列出计算过程；计算结果出现两位以上小数的，均四舍五入保留小数点后两位小数，百分比指标保留百分号前两位小数。凡要求解释、分析、说明理由的，必须有相应的文字阐述）

1. E 公司是一家制造业生产企业，长期以来只生产丙产品。本年度有关资料如下：

资料一：10 月份丙产品月初存货量预计为 200 件，10 月份和 11 月份的预计销售量分别为 2 300 件和 2 600 件。丙产品预计月末存货量为下月销售量的 10%。

资料二：生产丙产品需要耗用 A、B、C 三种材料，其价格标准和用量标准如下表所示。

丙产品直接材料成本标准

项目	标准		
	A 材料	B 材料	C 材料
价格标准	6 元/千克	10 元/千克	5 元/千克
用量标准	5 千克/件	3 千克/件	8 千克/件

资料三：公司利用标准成本信息编制直接人工预算。生产丙产品的工时标准为 5 小时/件，标准工资率为 25 元/小时。10 月份丙产品的实际产量为 2 500 件，实际工时为 12 000 小时，实际发生直接人工成本 235 000 元。

资料四：公司利用标准成本信息，并采用弹性预算法编制制造费用预算，丙产品的单位变动制造费用标准成本为 30 元，每月的固定制造费用预算总额为 37 760 元。

资料五：丙产品的预计销售单价为 350 元/件，每月销售收入中，有 30% 在当月收取现金，另外的 70% 在下月收取现金。

资料六：11 月初现金余额预计为 80 600 元，本月预计现金支出为 900 000 元。公司理想的月末现金余额为 80 000 元而且不低于该水平，现金余额不足时向银行借款，多余时归还银行借款，借入和归还金额均要求为 1 000 元的整数倍。不考虑其他因素的影响。

要求：

（1）根据资料一，计算 10 月丙产品的预计生产量。

（2）根据资料二，计算丙产品的单位直接材料标准成本。

（3）根据要求（1）的计算结果和资料三，计算 10 月的直接人工预算金额。

（4）根据资料三，计算下列成本差异：①直接人工成本差异；②直接人工效率差异；③直接人工工资率差异。

（5）根据要求（1）的计算结果和资料四，计算 10 月制造费用预算总额。

（6）根据要求（1）、要求（2）的计算结果和资料三、资料四，计算丙产品的单位标准成本。

（7）根据资料一和资料五，计算公司 11 月的预计现金收入。

（8）根据要求（7）的计算结果和资料六，计算 11 月的预计现金余缺，并判断为保持所需现金余额，是否需要向银行借款，如果需要，指出应借入多少款项。

2. 甲公司每年都要在 12 月编制下一年度的分季度现金预算。有关资料如下：

（1）该公司只生产一种 50 千克桶装产品。由于原料采购的季节性，只在第二季度进行生产，而销售全年都会发生。

（2）每季度的销售收入预计如下：第一季度 750 万元，第二季度 1 800 万元，第三季度 750 万元，第四季度 750 万元。

（3）所有销售均为赊销。应收账款期初余额为 250 万元，预计可以在第一季度收回。每个季度的销售有 2/3 在本季度内收到现金，另外 1/3 于下一个季度收回。

（4）采购原料预计支出 912 万元，第一季度需要预付 50%，第二季度支付剩余的款项。

（5）直接人工费用预计发生 880 万元，于第二季度支付。

（6）付现的制造费用第二季度发生 850 万元，其他季度均发生 150 万元。付现制造费用均在发生的当季度支付。

（7）每季度发生并支付销售和管理费用 100 万元。

（8）全年预计所得税 160 万元，分 4 个季度预交，每季度支付 40 万元。

（9）公司计划在下半年安装一条新的生产线，第三季度、第四季度各支付设备款 200 万元。

（10）期初现金余额为 15 万元，没有银行借款和其他负债。公司需要保留的最低现金余额为 10 万元。现金不足最低现金余额时需向银行借款，超过最低现金余额时需偿还借款，借款和还款数额均为 5 万元的整数倍。借款年利率为 8%，每季度支付一次利息，计算借款利息时，假定借款均在季度初发生，还款均在季度末发生。

要求：请根据上述资料，为甲公司编制资金预算。

资金预算

单位：万元

项目	第一季度	第二季度	第三季度	第四季度	合 计
期初现金余额					
现金收入：					
本期销售本期收款					
上期销售本期收款					
现金收入合计					
现金支出：					
直接材料					
直接人工					
制造费用					
销售与管理费用					
所得税费用					
购买设备支出					
现金支出合计					
现金余缺					
向银行借款					
归还银行借款					
支付借款利息					
期末现金余额					

2024 年度中级会计资格
《财务管理》全真模拟试题（三）

一、单项选择题（本类题共 20 小题，每小题 1.5 分，共 30 分。每小题备选答案中，只有一个符合题意的正确答案。错选、不选均不得分）

1. 与个人独资企业相比，下列各项中，属于公司制企业优点的是（   ）。

   A. 企业所有者承担无限债务责任

   B. 企业可以无限存续

   C. 企业融资渠道较少

   D. 企业所有权转移困难

2. 如果纯利率为 5%，通货膨胀补偿率为 2%，风险收益率为 4%，则必要收益率为（   ）。

   A. 3%   B. 6%   C. 11%   D. 7%

3. 根据成本性态，下列各项中，属于变动成本的是（   ）。

   A. 厂房折旧   B. 员工培训费

   C. 直接材料   D. 管理人员基本薪资

4. 某企业当年实际销售费用为 6 000 万元，占销售额的 5%，企业预计下年销售额增加 50 000 万元，于是就将下年销售费用预算简单地确定为 8 500（6 000 + 50 000 × 5%）万元。从中可以看出，该企业采用的预算编制方法为（   ）。

   A. 弹性预算法   B. 零基预算法

   C. 滚动预算法   D. 增量预算法

5. 下列各项中，不以生产预算为基础直接编制的预算是（   ）。

   A. 直接材料预算   B. 销售及管理费用预算

   C. 直接人工预算   D. 变动制造费用预算

6. 某企业编制直接材料预算，预计第四季度期初材料存量 456 千克，第四季度生产需用量 2 120 千克，预计期末材料存量为 350 千克，材料单价为 10 元/千克，若材料采购货款有 50% 在本季度内付清，另外 50% 在下季度付清，则该企业预计资产负债表年末"应付账款"项目为（   ）元。

    A. 11 130   B. 14 630   C. 10 070   D. 13 560

7. 关于租赁筹资方式，下列表述错误的是（　　）。

    A. 与银行借款相比，租赁筹资成本较高

    B. 是一种债务筹资行为

    C. 不会给企业带来财务杠杆效应

    D. 是将融资与融物相结合的一种特定筹资方式

8. 下列各项中，与留存筹资相比，属于吸收直接投资特点的是（　　）。

    A. 资本成本较低   B. 筹资速度较快

    C. 筹资规模有限   D. 形成生产能力较快

9. 平均资本成本计算涉及对个别资本的权重选择问题，对于有关价值权数，下列说法正确的是（　　）。

    A. 账面价值权数适合评价现时的资本结构合理性

    B. 目标价值权数一般以历史账面价值为依据

    C. 目标价值权数更适用于企业未来的筹资决策

    D. 目标价值权数能够反映现时的资本成本水平

10. 某公司 2023 年敏感性资产、敏感性负债分别为 800 万元和 500 万元，并保持占收入的百分比稳定不变。2023 年销售额为 2 000 万元，预计 2024 年销售额增长 20%，销售净利率为 5%，利润留存率为 40%。由于生产需要需购置价值 40 万元的新生产线，不考虑其他因素，则根据销售百分比法，2024 年的外部融资需求量为（　　）万元。

    A. 12   B. 60   C. 52   D. 48

11. 将企业投资区分为发展性投资和维持性投资所依据的分类标志是（　　）。

    A. 按投资活动与企业本身的生产经营活动的关系分

    B. 按投资对象的存在形态和性质分

    C. 按投资活动对企业未来生产经营前景的影响分

    D. 按投资活动资金的投出方向分

12. 某投资项目只有第一年年初产生现金净流出，随后各年均产生现金净流入，且其动态回收期短于项目寿命期，则该投资项目的净现值（　　）。

    A. 大于 0   B. 无法判断   C. 等于 0   D. 小于 0

13. 所谓现金流量，在投资决策中是指一个项目引起的企业（　　）。

    A. 现金流出和现金流入的总量

    B. 货币资金流出和货币资金流入增加的数量

    C. 现金流出和现金流入增加的数量

    D. 流动资金的增加和减少数量

14. 某基金的全部投资中，10% 投资于股票，5% 投资于短期国债，85% 投资于公司债券。该基金认定为（　　）。

    A. 货币市场基金   B. 股票基金

    C. 债券基金   D. 混合基金

15. 投资风险中，非系统风险的特征是（　　）。

　　A. 不能被投资多样化所稀释　　　　B. 不能消除而只能回避

　　C. 通过投资组合可以分散　　　　　D. 对各个投资者的影响程度相同

16. 下列关于本量利分析基本假设的表述中，错误的是（　　）。

　　A. 成本要按性态进行分类　　　　　B. 销售的产品单价不变

　　C. 期初期末产成品存货不变　　　　D. 产品的产销业务量不变

17. 下列各项股权激励模式，适合业绩稳定型上市公司的是（　　）。

　　A. 业绩股票激励模式　　　　　　　B. 股票增值权模式

　　C. 限制性股票模式　　　　　　　　D. 股票期权模式

18. 下列销售预测方法中，属于因果预测分析的是（　　）。

　　A. 指数平滑法　　　　　　　　　　B. 移动平均法

　　C. 专家判断法　　　　　　　　　　D. 回归直线法

19. 一般而言，营运资金指的是（　　）。

　　A. 流动资产减去存货的余额

　　B. 流动资产减去流动负债的余额

　　C. 流动资产减去速动资产后的余额

　　D. 流动资产减去货币资金后的余额

20. 某上市公司股票市价为 20 元，普通股数量 100 万股，净利润 400 万元，净资产 500 万元，则市净率为（　　）。

　　A. 4　　　　　　　　B. 5　　　　　　　　C. 10　　　　　　　　D. 20

二、多项选择题（本类题共 10 小题，每小题 2 分，共 20 分。每小题备选答案中，有两个或两个以上符合题意的正确答案。请至少选择两个答案。全部选对得满分，少选得相应分值，多选、错选、不选均不得分）

1. 关于经济周期中的经营理财策略，下列说法正确的有（　　）。

　　A. 在企业经济复苏期企业应当增加厂房设备

　　B. 在企业经济繁荣期企业应减少劳动力，以实现更多利润

　　C. 在经济衰退期企业应减少存货

　　D. 在经济萧条期企业应裁减雇员

2. 普通股股东的管理权主要表现为（　　）。

　　A. 经营者选择权　　　　　　　　　B. 财务监控权

　　C. 重大决策参与权　　　　　　　　D. 收益分享权

3. 不考虑其他因素的影响，若公司的财务杠杆系数变大，下列表述正确的有（　　）。

　　A. 产销量的增长将引起息税前利润更大幅度的增长

　　B. 息税前利润的下降将引起每股收益更大幅度的下降

　　C. 表明公司盈利能力下降

　　D. 表明公司财务风险增大

4. 控制现金支出的目标是在不损害企业信誉的条件下，尽可能推迟现金的支出，下列选项中，能够实现该目标的有（　　）。

    A. 使用零余额账户
    B. 汇票代替支票

    C. 改进员工工资支付模式
    D. 争取现金流出与现金流入同步

5. 孙某以 5 元的价格卖出一只股票的欧式看跌期权，执行价格为 100 元，下列情况中，对孙某能有正的净损益的情形有（　　）。

    A. 到期日股票的价格为 93 元
    B. 到期日股票的价格为 98 元

    C. 到期日股票的价格为 100 元
    D. 到期日股票的价格为 105 元

6. 市场利率和债券期限对债券价值都有较大的影响。下列表述中，正确的有（　　）。

    A. 市场利率的下降会导致债券价值的上升

    B. 长期债券的价值对市场利率的敏感性小于短期债券

    C. 债券期限越短，债券票面利率对债券价值的影响越大

    D. 只有溢价债券或折价债券，才产生不同期限下债券价值有所不同的现象

7. 企业要想提高边际贡献总额，可采取的措施有（　　）。

    A. 降低固定成本
    B. 提高销售单价

    C. 降低单位变动成本
    D. 扩大销售量

8. 下列关于股权激励的股票期权模式的表述中，正确的有（　　）。

    A. 能够降低委托代理成本

    B. 有利于降低激励成本

    C. 可以锁定期权人的风险

    D. 可能带来经营者的短期行为

9. 经济增加值（EVA）指从税后净营业利润中扣除全部投入资本的成本后的剩余收益，下列表述正确的有（　　）。

    A. 营业外收支、递延税金等都要从税后净营业利润中扣除

    B. 全部投入资本是指股东投入的资本

    C. 经济增加值为负，表明经营者在损毁企业价值

    D. 全部投入资本的成本等于平均所有者权益乘以股东要求的必要报酬率

10. 下列各项中，能同时影响流动比率和速动比率的经济业务有（　　）。

    A. 以银行存款购买国债
    B. 偿还短期借款

    C. 采购原材料
    D. 以银行存款购买固定资产

三、判断题（本类题共 10 小题，每小题 1 分，共 10 分。请判断每小题的表述是否正确。每小题答题正确的得 1 分，错答、不答均不得分，也不扣分）

1. 协调相关者的利益冲突，要把握的原则是尽可能使企业相关者的利益分配在金额上达到协调平衡。（　　）

2. 不考虑其他因素的影响，通货膨胀一般会引起资金占用的大量增加，从而增加

企业的资金需求。   （   ）

3. 经营杠杆的存在导致了经营风险的产生。   （   ）

4. 一般而言，企业依靠大量短期负债来满足自身资金需求的做法体现出一种较为保守的融资策略。   （   ）

5. 在终值和计息期一定的情况下，贴现率越低，则复利现值越高。   （   ）

6. 使用债务筹资可以带来节税收益，增加企业价值，出于财务管理目标的考虑，在资本结构可控的相对安全的范围内，应尽可能采用债务筹资方式筹集资金。   （   ）

7. 不考虑其他因素，如果企业临时融资能力较强，则其预防性需求的现金持有量一般较低。   （   ）

8. 在紧缩型流动资产投资策略下，企业一般会维持较高水平的流动资产与销售收入比率，因此财务风险与经营风险较小。   （   ）

9. 以制造成本为基础定价，既可以保证企业简单再生产的正常进行，又可以使劳动者为社会劳动所创造的价值得以全部实现。   （   ）

10. 在计算应收账款周转次数指标时，应将计提的坏账准备数额从应收账款中扣除。   （   ）

四、计算分析题（本类题共 3 小题，共 15 分。凡要求计算的，可不列出计算过程；计算结果出现两位以上小数的，均四舍五入保留小数点后两位小数，百分比指标保留百分号前两位小数。凡要求解释、分析、说明理由的，必须有相应的文字阐述）

1. 甲种存款给出的年利率为 12%，每年计息四次，乙种存款每半年计息一次。
要求：
（1）计算甲种存款的实际利率是多少？
（2）乙种存款的实际利率若想与甲种存款相同，其名义利率应为多少？

2. ABC 公司 2024 年度设定的每季度末预算现金余额的额定范围为 50 万 ~60 万元，其中，年末余额已预定为 60 万元。公司计划采用短期借款的方式解决资金短缺，假定当前银行约定的单笔短期借款还款必须为 10 万元的整数倍，年利息率为 6%，借款发生在相关季度的期初，每季度末计算并支付借款利息，还款发生在相关季度的期末。公司决定在第三季度将原有有价证券按 90 万元进行出售。2024 年该公司无其他融资计划。ABC 公司编制的 2024 年度资金预算的部分数据如下表所示。

2024 年度 ABC 公司资金预算   单位：万元

项目	第一季度	第二季度	第三季度	第四季度	全年
期初现金余额	40	×	×	×	（H）
经营现金收入	1 010	×	×	×	5 536.6
可供使用现金	×	1 396.3	1 549	×	（I）
经营现金支出	800	×	×	1 302	4 353.7

续表

项目	第一季度	第二季度	第三季度	第四季度	全年
资本性现金支出	×	300	400	300	1 200
现金支出合计	1 000	1 365	×	1 602	5 553.7
现金余缺	（A）	31.3	-37.7	132.3	×
取得短期借款	0	（C）	0	0	20
归还短期借款	0	0	0	20	×
支付短期借款利息	0	（D）	0.3	0.3	×
购买有价证券	0	0	0	（G）	×
出售有价证券	0	0	90	0	×
期末现金余额	（B）	（E）	（F）	×	（J）

说明：表中"×"表示省略的数据。

要求：

（1）计算上表中用字母"A～J"表示的项目数值（不需要列示计算过程）。

（2）计算借款的实际年利率。

3. A 公司利润分配前的股东权益结构如下表所示：

单位：元

股本（面值2.5元，发行20 000万股）	50 000
资本公积	15 000
未分配利润	160 000
股东权益合计	225 000

已知本年净利润为 45 000 万元，每股市价为 20 元。

要求：

（1）计算利润分配前的每股收益、每股净资产、市盈率。

（2）若考虑按市价发放 6% 的股票股利，计算发放股票股利后的下列指标：

①股东权益各项目数额。

②每股收益。

③每股净资产。

（3）若按 1∶2 的比例进行股票分割，分割后：

①股东权益各项目有何变化？

②每股收益为多少？

③每股净资产为多少？

五、综合题（本类题共 2 小题，共 25 分。凡要求计算的，可不列出计算过程；计算结果出现两位以上小数的，均四舍五入保留小数点后两位小数，百分比指标保留百分号前两位小数。凡要求解释、分析、说明理由的，必须有相应的文字阐述）

1. A、B、C 三家企业的相关资料如下：

资料一：A 企业 2023 年的实际销售收入为 1 500 万元，利润总额 45 万元，所得税税率为 25%，分配给股东的利润为 13.5 万元，2023 年 12 月 31 日的资产负债表简表如下：

资产负债表（简表）
2023 年 12 月 31 日
单位：万元

资产	年末数	负债及所有者权益	年末数
现金	10	应付账款	264
应收账款	240	应付票据	12
存货	260	短期借款	50
流动资产合计	510	长期负债	6
固定资产净值	30	负债合计	332
		实收资本	25
		留存收益	183
资产总计	540	负债及所有者权益总计	540

预计 2024 年销售收入为 1 800 万元，流动资产、应付账款、应付票据与销售收入存在稳定百分比关系，企业生产能力有剩余，假设销售净利率与利润留存比率不变。

资料二：B 企业 2023 年末总股本为 300 万股，该年利息费用为 500 万元，假定该部分利息费用在 2024 年保持不变，预计 2024 年销售收入为 16 000 万元，预计息税前利润与销售收入的比率为 15%。该企业决定于 2024 年初从外部筹集资金 850 万元。具体筹资方案有两个：

方案 1：发行普通股股票 100 万股，发行价每股 8.5 元。2022 年每股股利为 0.5 元，预计股利增长率为 5%。

方案 2：发行债券 850 万元，债券利率 10%，适用的企业所得税税率为 25%。

假定上述方案的筹资费用均忽略不计。

资料三：C 公司是一家电视设备制造企业，由于电视质量极佳，口碑较好，销售量迅速增加。为满足生产和销售的需求，C 公司需要筹集资金 80 万元用于增加存货，现有三个可满足资金需求的筹资方案：

方案 1：向银行贷款，借款期限为 30 天，年利率为 12%。银行要求的补偿性余额为借款额的 20%。

方案 2：以贴现法向银行借款，贷款利率为 12%。

方案 3：采用加息法付息，贷款利率为 12%。

要求：

（1）根据资料一为 A 企业计算：

①2024 年公司需要增加的资金。

②2024 年公司增加的留存收益。

③2024 年公司需要从外部增加的资金。

（2）根据资料二为 B 企业计算：

①2024 年预计息税前利润。

②计算每股收益无差别点时的息税前利润。

③根据每股收益分析法作出最优筹资方案决策，并说明理由。

④计算方案 1 增发新股的资本成本和方案 2 增发债券的资本成本。

⑤计算方案 2 在无差别点上的财务杠杆系数。

⑥若乙公司预计息税前利润在每股收益无差别点上增长 20%，计算采用方案 2 时该公司每股收益的增长幅度。

（3）根据资料三分别为 C 公司计算在每一种方案下，为获得 80 万元的实际用款额该公司应借款总额和该笔借款的实际利率，并根据以上方案的计算结果，为 C 公司选择最优筹资方案。

2. E 公司只产销一种甲产品，甲产品只消耗乙材料。2023 年第四季度按定期预算法编制 2024 年的企业预算，部分预算资料如下：

资料一：乙材料 2024 年初的预计结存量为 1 600 千克，每季度乙材料的购货款于当季支付 70%，剩余 30% 于下一个季度支付；2024 年初的预计应付账款余额为 50 000 元。该公司 2024 年度乙材料的采购预算如下表所示。

项目	第一季度	第二季度	第三季度	第四季度	全年
预计甲产品产量（件）	3 000	（G）	3 640	4 500	（L）
材料定额单耗（千克/件）	5	5	5	5	5
预计生产需要量（千克）	（A）	（F）	18 200	22 500	（M）
加：期末结存量（千克）	800	1 200	1 000	1 500	1 500
预计需要量合计（千克）	（B）	18 000	19 200	24 000	74 000
减：期初结存量（千克）	（C）	800	（J）	1 000	1 600
预计材料采购量（千克）	（D）	（H）	（K）	23 000	（N）
材料计划单价（元/千克）	8	8	8	8	8
预计采购金额（元）	（E）	（I）	144 000	184 000	579 200

资料二：E 公司 2024 年第一季度实际生产甲产品 3 200 件，耗用乙材料 17 600 千

克，乙材料的实际单价为 7.5 元/千克。

要求：

（1）确定 E 公司乙材料采购预算表中用字母表示的项目数值。

（2）计算 E 公司第一季度预计采购现金支出和第四季度末预计应付款金额。

（3）计算乙材料的单位标准成本。

（4）计算 E 公司第一季度甲产品消耗乙材料的成本差异、价格差异与用量差异。

（5）根据上述计算结果，指出 E 公司乙材料成本差异的原因及应当采取的主要措施。

2024 年度中级会计资格
《财务管理》全真模拟试题（四）

一、单项选择题（本类题共 20 小题，每小题 1.5 分，共 30 分。每小题备选答案中，只有一个符合题意的正确答案。错选、不选均不得分）

1. 管理人员素质高、能力强的企业宜采用集权型财务管理体制，依据判断的因素是（　　）。

    A. 企业人力资源   B. 企业规模

    C. 企业管理层素质   D. 企业战略

2. 假设以每年 10% 的利率借入 30 000 元，投资于某个寿命为 10 年的项目。已知 $(P/A，10\%，10) = 6.1446$，为使该投资项目成为可行项目，每年至少应回收的现金数额为（　　）元。（结果保留整数）

    A. 6 000   B. 3 000   C. 5 374   D. 4 882

3. 某公司设立一项偿债基金项目，连续 10 年于每年年末存入 100 万元，第 10 年年末可以一次性获取 1 800 万元，已知 $(F/A，8\%，10) = 14.487$，$(F/A，10\%，10) = 15.937$，$(F/A，12\%，10) = 17.549$，$(F/A，14\%，10) = 19.337$，$(F/A，16\%，10) = 21.321$，则该基金的收益率为（　　）。

    A. 12.5%   B. 11.5%   C. 13.5%   D. 14.5%

4. 下列各种风险管理对策中，属于风险转换的是（　　）。

    A. 禁止各业务单位在金融市场上进行投机

    B. 降低客户信用标准提高销售量

    C. 购买保险

    D. 构建资产组合

5. 下列各项中，不属于销售预算编制内容的是（　　）。

    A. 销售收入   B. 单价   C. 销售费用   D. 销售量

6. A 公司在预算期间，销售当季收回货款 60%，次季度收回货款 35%，第三季度收回货款 5%。预算年度期初应收账款余额为 24 000 元，其中包括上年第三季度销售的应收账款 4 000 元，则该预算年度第一季度可以收回的期初应收账款是（　　）元。

A. 24 000   B. 6 500   C. 21 500   D. 7 500

7. 下列各种预算方法中，属于以零为起点编制预算，不受历史期经济活动中的不合理因素影响的是（   ）。

     A. 增量预算法   B. 零基预算法

     C. 固定预算法   C. 弹性预算法

8. 下列各项中，属于专门决策预算的是（   ）。

     A. 预计利润表   B. 产品成本预算

     C. 资本支出预算   D. 预计资产负债表

9. 根据企业 2024 年的现金预算，第一季度至第四季度期初现金余额分别为 1 万元、2 万元、1.7 万元、1.5 万元，第四季度现金收入为 20 万元，现金支出为 19 万元，不考虑其他因素，则该企业 2024 年末的预计资产负债表中，货币资金年末数为（   ）万元。

     A. 2.7   B. 7.2   C. 4.2   D. 2.5

10. 关于可转换债券，下列表述正确的是（   ）。

     A. 可转换债券的赎回条款有利于降低投资者的持券风险

     B. 可转换债券的转换权是授予持有者的一种买入期权

     C. 可转换债券的转换比率为标的股票市值与转换价格之比

     D. 可转换债券的回售条款有利于可转换债券顺利转换成股票

11. 下列关于吸收直接投资的筹资特点的说法中，不正确的是（   ）。

     A. 能够直接获得所需的先进设备

     B. 吸收直接投资的资本成本比股票筹资低

     C. 不利于公司治理

     D. 难以进行产权转让

12. 与普通股筹资相比，下列各项中，不属于银行借款筹资优点的是（   ）。

     A. 公司的财务风险较低   B. 可以发挥财务杠杆作用

     C. 资本成本较低   D. 筹资弹性较大

13. 某公司本年度资金平均占用额为 3 500 万元，经分析，其中不合理部分为 500 万元。预计下年度销售增长 5%，资金周转加速 2%，则下年度资金需要量预计为（   ）万元。（结果保留整数）

     A. 3 000   B. 3 087   C. 3 088   D. 3 213

14. 某上市公司发行面值 100 元的优先股，规定的年股息率为 8%。该优先股折价发行，发行价格为 90 元；发行时筹资费用为发行价的 2%，则该优先股的资本成本率为（   ）。

     A. 7.16%   B. 8.07%   C. 9.16%   D. 9.07%

15. 某投资项目的现金净流量如下：$NCF_0 = -200$ 万元，$NCF_{1 \sim 10} = 40$ 万元。则该项目的内含收益率为（   ）。已知：$(P/A, 14\%, 10) = 5.2161$，$(P/A, 16\%, 10) = 4.8332$。

　　　　A. 14.12%　　　　　B. 15%　　　　　C. 15.12%　　　　　D. 16%

16. 某企业按"2/10，N/60"的现金折扣条件购进一批商品，货款为 1 000 万元。若企业放弃现金折扣，在第 70 天付款，则其放弃现金折扣的信用成本率为（　　）。（一年按 360 天计算）

　　　　A. 10.50%　　　　B. 12.24%　　　　C. 14.69%　　　　D. 16.7%

17. 某企业生产销售 A 产品，计划销售 20 000 件，企业计划目标利润总额为 300 000 元，完全成本总额为 42 000 元，适用的消费税税率为 5%。根据以上资料，运用目标利润法测算 A 产品的单位价格为（　　）元。

　　　　A. 17　　　　　　B. 18　　　　　　C. 19　　　　　　D. 20

18. 某公司月成本考核例会上，各部门经理正在讨论、认定直接人工效率差异的责任部门，该责任部门应是（　　）。

　　　　A. 生产部门　　　　　　　　　　B. 销售部门

　　　　C. 供应部门　　　　　　　　　　D. 管理部门

19. 如果某公司以所持有的其他公司的有价证券作为股利发放给本公司股东，则该股利支付方式属于（　　）。

　　　　A. 负债股利　　　　　　　　　　B. 现金股利

　　　　C. 财产股利　　　　　　　　　　D. 股票股利

20. 下列各项中，属于销售预测定量分析方法的是（　　）。

　　　　A. 营销员判断法　　　　　　　　B. 专家判断法

　　　　C. 产品寿命周期分析法　　　　　D. 趋势预测分析法

　　二、多项选择题（本类题共 10 小题，每小题 2 分，共 20 分。每小题备选答案中，有两个或两个以上符合题意的正确答案。请至少选择两个答案。全部选对得满分，少选得相应分值，多选、错选、不选均不得分）

　　1. 企业价值最大化目标的优点有（　　）。

　　　　A. 考虑了资金时间价值

　　　　B. 考虑了风险与报酬的关系

　　　　C. 克服了短期行为

　　　　D. 在资本市场效率低下的情况下可利用股价衡量上市公司的价值

　　2. 有一永续现金流量，每年年初发生额为 90 万元，i＝10%，则该现金流量现值的下列表达式中正确的有（　　）。

　　　　A. 90/10%

　　　　B. 90 +（90/10%）

　　　　C. 90 +90/（1 +10%）+（90/10%）/（1 +10%）

　　　　D. 90 ×（P/A，10%，3）×（1 +10%）+（90/10%）×（P/F，10%，2）

　　3. 关于制造费用预算，下列说法正确的有（　　）。

　　　　A. 制造费用预算通常分为变动制造费用预算和固定制造费用预算两部分

  B. 固定制造费用需要逐项进行预计，通常与本期产量无关，按每季度实际需要的支付额预计，然后求出全年数

  C. 制造费用都会导致现金的流出

  D. 为了便于以后编制资金预算，需要预计现金支出

4. 下列各项中，属于可转换债券筹资优点的有（　　　）。

  A. 可节约利息支出

  B. 筹资效率高

  C. 增强筹资灵活性

  D. 股价大幅度上扬时，可增加筹资数量

5. 下列各项中，属于优先股特点的有（　　　）。

  A. 可能给股份公司带来一定的财务压力

  B. 有利于股份公司股权资本结构的调整

  C. 不利于保障普通股收益和控制权

  D. 有利于降低公司财务风险

6. 确定企业资本结构时，下列说法中正确的有（　　　）。

  A. 如果企业的销售不稳定，则要较多地筹措权益资金

  B. 为了保证原有股东的绝对控制权，一般应尽量避免普通股筹资

  C. 若预期市场利率会上升，企业应尽量利用短期负债

  D. 所得税税率越高，举借负债利益越明显

  7. 甲公司拟投资一个采矿项目，经营期限10年，资本成本14%，假设该项目的初始现金流量发生在期初，营业现金流量均发生在投产后各期期末，该项目现值指数大于1。下列关于该项目的说法中，正确的有（　　　）。

  A. 净现值大于0　　　　　　　　B. 动态回收期大于10年

  C. 静态回收期小于10年　　　　　D. 内含收益率大于14%

8. 在标准成本差异的计算中，下列成本差异中，属于价格差异的有（　　　）。

  A. 直接人工工资率差异　　　　　B. 变动制造费用耗费差异

  C. 固定制造费用能量差异　　　　D. 变动制造费用效率差异

9. 下列各项中，属于剩余股利政策优点的有（　　　）。

  A. 保持目标资本结构

  B. 降低再投资资本成本

  C. 使股利与企业盈余紧密结合

  D. 实现企业价值的长期最大化

10. 下列关于企业短期偿债能力的分析中，说法正确的有（　　　）。

  A. 营运资金为负说明企业部分非流动资产以流动负债作为资金来源，企业不能偿债的风险很大

  B. 营运资金 = 流动资产 – 流动负债，可以进行不同企业之间的比较

  C. 现金比率剔除了应收账款对偿债能力的影响，最能反映企业直接偿付流动

负债的能力

　　D. 速动比率是速动资产与流动负债的比值，所以不需要考虑行业的差异性

三、判断题（本类题共 10 小题，每小题 1 分，共 10 分。请判断每小题的表述是否正确。每小题答题正确的得 1 分，错答、不答均不得分，也不扣分）

　　1. 根据分类标准，资本市场主要包括债券市场、股票市场、期货市场、大额定期存单市场等。　　　　　　　　　　　　　　　　　　　　　　　　　（　　）

　　2. 不考虑其他因素的影响，通货膨胀一般导致市场利率下降，从而降低了企业的筹资难度。　　　　　　　　　　　　　　　　　　　　　　　　　　（　　）

　　3. 基于资本资产定价模型，如果甲资产 β 系数是乙资产 β 系数的两倍，则甲资产必要收益率是乙资产必要收益率的两倍。　　　　　　　　　　　　　　（　　）

　　4. 技术性变动成本是指通过管理当局的决策行动可以改变的变动成本，其特点是其单位变动成本的发生额可由企业最高管理层决定。　　　　　　　　　　（　　）

　　5. 其他条件不变时，优先股的发行价格越高，其资本成本率就越高。　（　　）

　　6. 对于原始投资额和项目寿命期都不同的独立投资方案进行比较确定投资顺序时，应选择内含收益率法。　　　　　　　　　　　　　　　　　　　　　（　　）

　　7. 存货管理的目标是在保证生产和销售需要的前提下，最大限度地降低存货成本。　　　　　　　　　　　　　　　　　　　　　　　　　　　　　　　（　　）

　　8. 如果企业预计将长期盈利，应选择使本期存货成本最小化的存货计价方法。　　　　　　　　　　　　　　　　　　　　　　　　　　　　　　　（　　）

　　9. 应收账款保理有助于减轻企业应收账款的管理负担，但会增加坏账损失。　　　　　　　　　　　　　　　　　　　　　　　　　　　　　　　（　　）

　　10. 与固定股利政策相比，低正常股利加额外股利政策赋予公司股利发放的灵活性。　　　　　　　　　　　　　　　　　　　　　　　　　　　　　（　　）

四、计算分析题（本类题共 3 小题，共 15 分。凡要求计算的，可不列出计算过程；计算结果出现两位以上小数的，均四舍五入保留小数点后两位小数，百分比指标保留百分号前两位小数。凡要求解释、分析、说明理由的，必须有相应的文字阐述）

　　1. A 公司目前有长期资本 10 000 万元，其中银行借款 4 000 万元，利率 5%，普通股 6 000 万元，股数 600 万股。由于扩大经营规模，现需要追加筹资 5 000 万元，所得税税率 25%，不考虑筹资费用因素，有以下三个方案可供选择：

　　方案一：按目前市价增发新股 200 万股，筹集股权资金 2 000 万元；按面值发行债券 3 000 万元，票面利率 6%。

　　方案二：按目前市价增发新股 400 万股，筹集股权资金 4 000 万元；按面值发行优先股 1 000 万元，优先股股息率 8%。

　　方案三：按面值发行债券 3 000 万元，票面利率 6%；按面值发行优先股 2 000 万元，优先股股息率 8%。

追加筹资后，公司预计息税前利润会达到 1 200 万元。

要求：利用每股收益分析法，分析公司应选哪种筹资方案（计算结果取整）。

2. 甲公司生产、销售 A 产品，该产品的变动成本率为 60%，单位售价为 100 元。公司目前采用 20 天按发票金额付款的信用政策，70% 的顾客（按销售量计算，下同）能在信用期内付款，另外 30% 的顾客平均在信用期满后 30 天付款，逾期应收账款的收回需要支出占逾期账款 4% 的收账费用，公司每年的销售量为 48 000 件，平均存货水平为 3 000 件。

为了扩大销售量、缩短平均收现期，公司拟推出"4/10、1/20、n/30"的现金折扣政策。采用该政策后，预计销售量会增加 10%，40% 的顾客会在 10 天内付款，20% 的顾客会在 20 天内付款，30% 的顾客会在 30 天内付款，另 10% 的顾客平均在信用期满后 30 天付款，逾期应收账款的收回需要支出占逾期账款 5% 的收账费用。为了保证及时供货，平均存货水平需提高到 3 600 件，其他条件不变。假设风险投资的最低收益率为 10%，一年按 360 天计算。

要求：

（1）计算改变信用政策后边际贡献、收账费用、应收账款应计利息、存货应计利息、现金折扣成本的变化。

（2）计算改变信用政策的净损益，并回答该公司是否应推出该现金折扣政策。

3. 某公司下设 A、B 两个投资中心。A 投资中心的平均经营资产为 200 万元，投资收益率为 15%；B 投资中心的投资收益率为 17%，剩余收益为 20 万元。该公司要求的平均最低投资收益率为 12%。现该公司决定追加平均经营资产 100 万元，若投向 A 投资中心，每年可增加息税前利润 20 万元；若投向 B 投资中心，每年可增加息税前利润 15 万元。

要求：

（1）计算追加投资前 A 投资中心的剩余收益。

（2）计算追加投资前 B 投资中心的平均经营资产。

（3）计算追加投资前该公司的投资收益率。

（4）若 A 投资中心接受追加投资，计算其剩余收益。

（5）若 B 投资中心接受追加投资，计算其投资收益率。

五、综合题（本类题共 2 小题，共 25 分。凡要求计算的，可不列出计算过程；计算结果出现两位以上小数的，均四舍五入保留小数点后两位小数，百分比指标保留百分号前两位小数。凡要求解释、分析、说明理由的，必须有相应的文字阐述）

1. 乙公司现有生产线已满负荷运转，鉴于其产品在市场上供不应求，公司准备购置一条生产线，公司及生产线的相关资料如下：

资料一：乙公司生产线的购置有两个方案可供选择；

A 方案：生产线的购买成本为 7 200 万元，预计使用 6 年，采用直线法计提折旧，预计净残值率为 10%，生产线投产时需要投入营运资金 1 200 万元，以满足日常经营活动需要，生产线运营期满时垫支的营运资金全部收回，生产线投入使用后，预计每年新增销售收入 11 880 万元，每年新增付现成本 8 800 万元，假定生产线购入后可立即投入使用。

B 方案：生产线的购买成本为 7 200 万元，预计使用 8 年，当设定贴现率为 12% 时净现值为 3 228.94 万元。

资料二：乙公司适用的企业所得税税率为 25%，不考虑其他相关税金，公司要求的最低投资收益率为 12%，部分时间价值系数如下表所示。

货币时间价值系数表

年度（n）	1	2	3	4	5	6	7	8
(P/F, 12%, n)	0.8929	0.7972	0.7118	0.6355	0.5674	0.5066	0.4523	0.4039
(P/A, 12%, n)	0.8929	1.6901	2.4018	3.0373	3.6048	4.1114	4.5638	4.9676

资料三：乙公司目前资本结构（按市场价值计算）为：总资本 40 000 万元，其中债务资本 16 000 万元（市场价值等于其账面价值，平均年利率为 8%），普通股股本 24 000 万元（市价 6 元/股，4 000 万股），公司今年的每股股利（D_0）为 0.3 元，预计股利年增长率为 10%，且未来股利政策保持不变。

资料四：乙公司投资所需资金 7 200 万元需要从外部筹措，有两种方案可供选择：方案一为全部增发普通股，增发价格为 6 元/股。方案二为全部发行债券，债券年利率为 10%，按年支付利息，到期一次性归还本金。假设不考虑筹资过程中发生的筹资费用。乙公司预期的年息税前利润为 4 500 万元。

要求：

（1）根据资料一和资料二，计算 A 方案的下列指标：

①投资期现金净流量。

②年折旧额。

③生产线投入使用后第 1~5 年每年的营业现金净流量。

④生产线投入使用后第 6 年的现金净流量。

⑤净现值。

（2）分别计算 A、B 方案的年金净流量，据以判断乙公司应选择哪个方案，并说明理由。

（3）根据资料三和资料四：

①计算方案一和方案二的每股收益无差别点（以息税前利润表示）。

②计算每股收益无差别点的每股收益。

③运用每股收益分析法判断乙公司应选择哪一种筹资方案，并说明理由。

（4）假定乙公司按方案二进行筹资，根据资料三和资料四计算：

①乙公司普通股的资本成本。

②筹资后乙公司的加权平均资本成本。

2. 甲公司是一家制造企业，近几年公司生产经营比较稳定，并假定产销平衡，公司结合自身发展和资本市场环境，以利润最大化为目标，并以每股收益作为主要评价指标。有关资料如下：

资料一，2024 年度当年实际归属于普通股股东的净利润为 8 400 万元，2024 年初，公司发行在外的普通股股数为 3 000 万股，2024 年 9 月 30 日，公司增发普通股 2 000 万股。

资料二，2025 年 7 月 1 日，公司发行可转换债券一批，债券面值为 8 000 万元，期限为 5 年，2 年后可以转换为本公司的普通股，转换价格为每股 10 元，可转换债券当年发生的利息全部计入当期损益，其对于公司当年净利润的影响数为 200 万元。公司当年归属于普通股股东的净利润为 10 600 万元，公司适用的企业所得税税率为 25%。

资料三，2025 年末，公司普通股的每股市价为 31.8 元，同行业类似可比公司的市盈率均在 25 倍左右（按基本每股收益计算）。

要求：

（1）根据资料一，计算公司 2024 年的基本每股收益。

（2）根据资料二和资料三，计算公司 2025 年的基本每股收益和稀释每股收益。

（3）根据要求（2）基本每股收益的计算结果和资料三，计算公司 2025 年末市盈率，并初步判断市场对于该公司股票的评价偏低还是偏高。

2024 年度中级会计资格
《财务管理》全真模拟试题（五）

一、单项选择题（本类题共 20 小题，每小题 1.5 分，共 30 分。每小题备选答案中，只有一个符合题意的正确答案。错选、不选均不得分）

1. 某企业集团选择集权与分权相结合的财务管理体制，下列各项中，通常应当分权的是（　　）。

    A. 收益分配权　　　　　　　　　　B. 财务机构设置权

    C. 对外担保权　　　　　　　　　　D. 子公司业务定价权

2. 如果实际利率为 5%，通货膨胀率为 2%，则名义利率为（　　）。

    A. 7%　　　　　　B. 3%　　　　　　C. 7.1%　　　　　　D. 2.94%

3. 下列混合成本的分解方法中，表述不正确的是（　　）。

    A. 高低点法代表性较差

    B. 合同确认法要配合账户分析法使用

    C. 工业工程法通常适用于投入成本与产出数量之间有规律性联系的成本分解

    D. 账户分析法需要利用账户资料进行分析判断，是一种较为精确的分析方法

4. 甲公司于 2024 年 1 月 1 日从租赁公司租入一套设备，价值 500 000 元，租期 5 年，租赁期满预计残值 100 000 元，归租赁公司。年利率 8%，租赁手续费率每年 2%，租金在每年年初支付，则下列关于每期租金的表达式正确的是（　　）。

    A. $500\ 000/[(P/A，8\%，5)\times(1+10\%)]$

    B. $[500\ 000-100\ 000\times(P/F，10\%，5)]/[(P/A，10\%，5)\times(1+10\%)]$

    C. $500\ 000/[(P/A，10\%，5)\times(1+10\%)]$

    D. $[500\ 000-100\ 000\times(P/F，10\%，5)]/(P/A，10\%，5)$

5. 下列关于配股应当符合的条件的表述中，正确的是（　　）。

    A. 拟配售股份数量不超过本次配售股份前股本总额的 30%

    B. 控股股东应当在股东大会召开时公开承诺认配股份的数量

    C. 采用证券法规定的包销方式发行

    D. 控股股东不履行认配股份的承诺，原股东认购股票的数量未达到拟配售数量

　　　　70%的，发行人应当按照发行价返还已经认购的股东

6. 某公司普通股目前的股价为25元/股，筹资费率为6%，刚刚支付的每股股利为2元，股利固定增长率2%，则该企业利用留存收益的资本成本为（　　　）。

　　　　A. 10.16%　　　　B. 10%　　　　C. 8%　　　　D. 8.16%

7. 某公司2023年息税前利润为100万元，假设经营杠杆系数为2，2024年销售量预计增长20%，则2024年息税前利润预计为（　　　）万元。

　　　　A. 150　　　　B. 120　　　　C. 140　　　　D. 160

8. 某公司经营风险较大，准备采取系列措施降低杠杆程度，下列措施中，无法达到这一目的的是（　　　）。

　　　　A. 降低利息费用　　　　　　　　B. 降低固定成本水平

　　　　C. 降低变动成本　　　　　　　　D. 提高产品销售单价

9. 关于资本结构理论，下列说法错误的是（　　　）。

　　　　A. 修正的MM理论认为，企业价值与企业的资产负债率无关

　　　　B. 根据优序融资理论，当企业需要外部筹资时，债务筹资优于股权筹资

　　　　C. 根据代理理论，债务筹资可能带来债务代理成本

　　　　D. 最初的MM理论认为，有负债企业的股权资本成本随着资产负债率的增大而
　　　　　　增大

10. 甲投资项目各年的预计净现金流量分别为：$NCF_0 = -500$万元，$NCF_1 = -500$万元，$NCF_{2\sim3} = 400$万元，$NCF_{4\sim11} = 250$万元，$NCF_{12} = 150$万元，营业期第5年年末的累计折现现金净流量为0，则该项目包括投资期的静态回收期和包括投资期的动态回收期分别为（　　　）年。

　　　　A. 2.8、5　　　　B. 3.2、6　　　　C. 3.8、6　　　　D. 4.2、5

11. 某公司按照"2/20，N/60"的付款条件从另一公司购入价值1 000万元的货物，由于资金调度的限制，该公司放弃了获取2%现金折扣的机会，并申请展期，到第70天才付款，一年按360天计算，公司为此承担的信用成本率是（　　　）。

　　　　A. 14.69%　　　　B. 2%　　　　C. 10.29%　　　　D. 18.37%

12. 赊销在企业生产经营中所发挥的作用是（　　　）。

　　　　A. 增强现金　　　B. 增强存货　　　C. 促进销售　　　D. 减少借款

13. 已知放弃折扣的信用成本率为27.41%，付款期为40天，折扣期为20天，则现金折扣为（　　　）。

　　　　A. 1.2%　　　　B. 1.5%　　　　C. 1.8%　　　　D. 2.1%

14. 关于获取现金能力的有关财务指标，下列表述中正确的是（　　　）。

　　　　A. 全部资产现金回收率指标不能反映公司获取现金的能力

　　　　B. 用长期借款方式购买固定资产会影响营业现金比率

　　　　C. 公司将销售政策由赊销改为现销方式后，不会对营业现金比率产生影响

　　　　D. 每股营业现金净流量是经营活动现金流量净额与普通股股数之比

15. 某企业本月预计生产A产品10 400件，实际生产8 000件，用工10 000小时，

实际发生固定制造费用 190 000 元，其中 A 产品的固定制造费用标准分配率为 12 元/小时，工时标准为 1.5 小时/件，则下列计算中不正确的是（　　）。

    A. 固定制造费用耗费差异为 2 800 元的超支差异

    B. 固定制造费用能量差异为 43 200 元的超支差异

    C. 固定制造费用成本差异为 46 000 元的超支差异

    D. 固定制造费用效率差异为 24 000 元的超支差异

16. 下列股利政策中，有利于保持企业最优资本结构的是（　　）。

    A. 剩余股利政策　　　　　　　　　B. 固定或稳定增长的股利政策

    C. 固定股利支付率政策　　　　　　D. 低正常股利加额外股利政策

17. 下列关于股票回购和现金股利影响的说法中，不属于二者共同点的是（　　）。

    A. 均减少所有者权益　　　　　　　B. 均降低股票市场价格

    C. 均改变所有者权益结构　　　　　D. 均减少公司现金

18. 股权激励的限制性股票模式的优点是（　　）。

    A. 存在一个能推动股价上涨的激励机制

    B. 在限制期间公司不需要支付现金对价，便能够留住人才

    C. 在企业股价下降的时候，仍能达到激励的效果

    D. 能够降低委托代理成本

19. 某企业编制第四季度资金预算，现金余缺部分列示金额为 −18 500 元，现金筹措与运用部分列示归还长期借款利息 500 元。企业需要保留的现金余额为 10 000 元，若现金不足需借入短期借款，短期借款年利率为 8%，新增借款发生在季度期初，偿还借款本金发生在季度期末，先偿还短期借款；借款利息按季度平均计提，并在季度期末偿还。银行借款的金额要求是 1 000 元的整数倍，那么企业第四季度的借款额为（　　）元。

    A. 30 000　　　　　　　　　　　　B. 29 000

    C. 32 000　　　　　　　　　　　　D. 31 000

20. 甲公司的生产经营存在季节性，每年的 6～10 月是生产经营旺季，11 月至次年 5 月是生产经营淡季。如果使用应收账款年初余额和年末余额的平均数计算应收账款周转次数，计算结果会（　　）。

    A. 高估应收账款周转速度

    B. 低估应收账款周转速度

    C. 正确反映应收账款周转速度

    D. 无法判断对应收账款周转速度的影响

二、多项选择题（本类题共 10 小题，每小题 2 分，共 20 分。每小题备选答案中，有两个或两个以上符合题意的正确答案。请至少选择两个答案。全部选对得满分，少选得相应分值，多选、错选、不选均不得分）

1. 在证券投资中，下列各项因素引起的风险，投资者可以通过投资组合予以分散

的有（　　　）。

  A. 税制改革   B. 公司失去重要的销售合同

  C. 公司新产品开发失败   D. 公司诉讼失败

 2. 关于资本成本，下列说法错误的有（　　　）。

  A. 资本成本是衡量资本结构是否合理的重要依据

  B. 资本成本一般是投资所应获得收益的最高要求

  C. 资本成本是取得资本所有权所付出的代价

  D. 资本成本是比较筹资方式、选择筹资方案的依据

 3. 下列关于销售百分比法测算资金需求量的说法中，正确的有（　　　）。

  A. 根据销售与资产之间的数量比例关系来预测外部筹资需求量

  B. 销售百分比法假设前提是某些资产与销售额存在稳定的百分比关系

  C. 外部筹资额等于销售增长而需要的资金需求增长额

  D. 随着销售而变化的敏感性负债、销售净利率、利润留存率会影响外部融资额

 4. 当投资均发生在建设期，生产经营期每年都有正的现金净流量，采用回收期法进行项目评价时，下列表述正确的有（　　　）。

  A. 通常静态回收期会大于动态回收期

  B. 若动态回收期短于项目的寿命期，则净现值大于 0

  C. 若原始投资一次支出且每年净现金流量相等，静态回收期等于计算内含收益率所使用的年金现值系数

  D. 回收期可以正确反映项目总回报

 5. 关于敏感性分析，下列表述正确的有（　　　）。

  A. 敏感系数 = 利润变动百分比/因素变动百分比

  B. 固定成本对利润的敏感系数为正数

  C. 敏感系数绝对值越大，说明利润对该参数的变化越敏感

  D. 敏感系数为负值，表明因素的变动方向和目标值的变动方向相反

 6. 下列关于价格型内部转移定价的表述中，正确的有（　　　）。

  A. 一般适用于内部利润中心

  B. 由成本和毛利构成

  C. 主要适用于分权程度较高的情形

  D. 以市场价格为基础

 7. 企业在确定股利支付率水平时，应当考虑的因素有（　　　）。

  A. 投资机会 B. 筹资成本 C. 资本结构 D. 股东偏好

 8. 企业综合绩效评价可分为财务绩效定量评价与管理绩效定性评价两部分，下列各项中，属于财务绩效定量评价内容的有（　　　）。

  A. 资产质量   B. 盈利能力

  C. 债务风险   D. 经营增长

 9. 下列关于上市公司管理层讨论与分析，正确的有（　　　）。

A. 管理层讨论与分析是对本公司过去经营状况的评价，而不对未来发展作前瞻性判断

B. 管理层讨论与分析包括报表及附注中没有得到充分揭示，而对投资者决策有用的信息

C. 管理层讨论与分析包括对财务报告期间有关经营业绩变动的解释

D. 管理层讨论与分析不是定期报告的组成部分，按照自愿性原则披露

10. 关于杜邦分析体系所涉及的财务指标，下列表述正确的有（　　　）。

A. 营业净利率可以反映企业的盈利能力

B. 权益乘数可以反映企业的偿债能力

C. 总资产周转率可以反映企业的营运能力

D. 总资产收益率是杜邦分析体系的起点

三、判断题（本类题共 10 小题，每小题 1 分，共 10 分。请判断每小题的表述是否正确。每小题答题正确的得 1 分，错答、不答均不得分，也不扣分）

1. 无风险利率是由纯利率和通货膨胀补偿率组成的。（　　　）

2. 弹性预算的公式法，在一定范围内预算可以随业务量变动而变动，可比性和适应性强，编制预算的工作量相对较小。（　　　）

3. 企业通过债务的形式获得债务资金，到期还本付息，并且债权人对企业经营状况不承担责任，因此，相比股权资金，债务资金财务风险大，资本成本低。（　　　）

4. 股权资本由于一般不用还本，形成了企业的永久性资本，因而财务风险小，但付出的资本成本相对较高。（　　　）

5. 筹资费用通常在资本筹集时一次性发生，在资本使用过程中不再发生，因此，视为筹资数额的一项扣除。（　　　）

6. 证券资产不能脱离实体资产而独立存在，因此，证券资产的价值取决于实体资产的现实经营活动所带来的现金流量。（　　　）

7. 企业的存货总成本随着订货批量的增加而呈正方向变化。（　　　）

8. 对作业和流程的执行情况进行评价时，使用的考核指标可以是财务指标也可以是非财务指标，其中非财务指标主要用于时间、质量、效率三个方面的考核。（　　　）

9. 根据"无利不分"原则，当企业出现年度亏损时，一般不进行利润分配。（　　　）

10. 净收益营运指数作为一个能够反映公司收益质量的指标，可以揭示净收益与现金流量之间的关系。（　　　）

四、计算分析题（本类题共 3 小题，共 15 分。凡要求计算的，可不列出计算过程；计算结果出现两位以上小数的，均四舍五入保留小数点后两位小数，百分比指标保留百分号前两位小数。凡要求解释、分析、说明理由的，必须有相应的文字阐述）

1. 甲公司适用的企业所得税税率为 25%，计划追加筹资 20 000 万元，方案如下：向银行取得长期借款 3 000 万元，借款年利率为 4.8%，每年付息一次；发行面值为

5 600 万元、发行价格为 6 000 万元的公司债券，票面利率为 6%，每年付息一次；增发普通股 11 000 万元。假定资本市场有效，当前无风险收益率为 4%，市场平均收益率为 10%，甲公司普通股的 β 系数为 1.5，不考虑筹资费用、货币时间价值等其他因素。

要求：

（1）计算长期借款的资本成本率；

（2）计算发行债券的资本成本率；

（3）利用资本资产定价模型，计算普通股的资本成本率；

（4）计算追加筹资方案的平均资本成本率。

2. 乙公司生产销售 A 产品，相关资料如下：

资料一：2022 年采用"n/30"的信用条件收款，全年销售额（全部为赊销）为 5 000 万元，平均收现期为 40 天。

资料二：2023 年初，乙公司为了尽早收回货款，提出了"2/10，n/30"的信用条件。新的折扣条件对销售额没有影响，但坏账损失和收账费用共减少 100 万元。预计占销售额一半的客户将享受现金折扣优惠，享受现金折扣的客户均在第 10 天付款；不享受现金折扣的客户，平均付款期为 40 天。

资料三：2023 年标准总工时为 70 000 小时，标准变动制造费用总额为 455 万元。单位标准工时为 2 小时/件。2023 年实际生产 A 产品 36 000 件，实际耗用总工时 75 600 小时，实际发生变动制造费用 529.2 万元。

资料四：该公司的资本成本为 12%，变动成本率为 50%。假设一年按 360 天计算，不考虑增值税及其他因素的影响。

要求：

（1）计算信用条件改变引起的现金折扣成本的增加额。

（2）计算信用条件改变后的应收账款平均收现期。

（3）计算信用条件改变引起的应收账款机会成本的增加额。

（4）计算信用条件改变引起的税前利润增加额，并判断提供现金折扣的信用条件是否可行，并说明理由。

（5）计算 A 产品的变动制造费用效率差异。

3. 甲公司是一家上市公司，当年取得的利润在下年分配，2023 年公司净利润为 10 000 万元，2024 年分配现金股利 3 000 万元。预计 2024 年净利润为 12 000 万元，2025 年只投资一个新项目，总投资额为 8 000 万元。

要求：

（1）如果甲公司采用固定股利政策，计算 2024 年净利润的股利支付率。

（2）如果甲公司采用固定股利支付率政策，计算 2024 年净利润的股利支付率。

（3）如果甲公司采用剩余股利政策，目标资本结构是负债：权益 = 2：3，计算 2024 年净利润的股利支付率。

（4）如果甲公司采用低正常股利加额外股利政策，低正常股利为 2 000 万元，额外股利为 2024 年净利润扣除低正常股利后余额的 16%，计算 2024 年净利润的股利支付率。

（5）比较上述股利政策的优点和缺点。

五、综合题（本类题共 2 小题，共 25 分。凡要求计算的，可不列出计算过程；计算结果出现两位以上小数的，均四舍五入保留小数点后两位小数，百分比指标保留百分号前两位小数。凡要求解释、分析、说明理由的，必须有相应的文字阐述）

1. 甲公司是一家专门从事医药研发的公司，最近准备扩大经营范围，从事药品的研发、生产和销售。公司自主研发并申请发明专利的甲注射液，有关资料如下：

资料一：甲注射液的生产能力为 800 万支/年。公司经过市场分析认为，新建生产线的预计支出为 5 000 万元，税法规定的折旧年限为 10 年，残值率为 5%，按照直线法计提折旧。新生产线计划使用 7 年，项目结束时的变现价值预计为 1 200 万元。甲注射液销售价格为每支 10 元，单位变动成本为每支 6 元，每年的付现固定成本为 120 万元。新建完成后，前两年每年销量为 200 万支，后 5 年每年销量为 400 万支。

新建的生产线预计能在 2022 年年末完成并投入使用。为简化计算，假设项目的初始现金流量均发生在 2022 年年末（零时点），营业现金流量均发生在以后各年年末，初始垫支的营运资本为 300 万元，在项目结束时全部收回。

资料二：公司财务人员对三家已经上市的医药研发、制造及销售的企业 A、B、C 进行了分析，相关财务数据如下：

项目		A	B	C
$\beta_{权益}$		1.10	1.20	1.40
资本结构	债务资本	40%	50%	60%
	权益资本	60%	50%	40%
	公司所得税税率	15%	25%	20%

资料三：甲公司税前债务资本成本为 10%，预计继续增加借款不会发生明显变化，公司所得税税率为 25%。公司目标资本结构是权益资本占 60%，债务资本占 40%。当前无风险报酬率为 5%，股票市场平均报酬率为 10%。

资料四：相关货币时间价值系数如下：

i	8%	9%	10%
(P/F, i, 2)	0.8573	0.8417	0.8264
(P/F, i, 4)	0.735	0.7084	0.683

续表

i	8%	9%	10%
(P/F, i, 7)	0.5835	0.547	0.5132
(P/A, i, 2)	1.7833	1.7591	1.7355
(P/A, i, 4)	3.3121	3.2397	3.1699
(P/A, i, 7)	5.2064	5.033	4.8684

要求：

（1）根据资料二和资料三计算该项目的折现率（最后结果百分位取整）。

（2）根据第一问的结果以及资料一、资料四计算新建项目的初始现金流量（零时点的现金净流量）、第1年至第7年的现金净流量、项目的净现值，判断项目是否可行并说明原因。

（3）计算项目的静态回收期。

2. 已知：甲、乙、丙三个企业的相关资料如下：

资料一：甲企业历史上现金占用与销售收入之间的关系如下表所示。

现金占用与销售收入变化情况表　　　　　　　　单位：万元

年份	销售收入	现金占用
2018	10 220	695
2019	10 000	700
2020	10 280	698
2021	11 100	710
2022	11 550	730
2023	12 000	750

资料二：乙企业2023年12月31日资产负债表（简表）如下表所示。

乙企业资产负债表（简表）

2023年12月31日　　　　　　　　　　　单位：万元

资产	年末数	负债及所有者权益	年末数
现金	750	短期借款	2 750
应收账款	2 250	应付账款	750
存货	4 500	预收账款	1 500
固定资产	4 500	应付债券	2 500

续表

资产	年末数	负债及所有者权益	年末数
		实收资本	3 000
		留存收益	1 500
资产总计	12 000	负债及所有者权益总计	12 000

该企业 2024 年的相关预测数据为：销售收入 20 000 万元，新增留存收益 100 万元；不变现金总额 1 000 万元，每元销售收入占用变动现金 0.05 元，其他与销售收入变化有关的资产负债表项目预测数据如下表所示。

占用资金与销售收入变化情况表

项目	年度不变资金（a）（万元）	每元销售收入所需变动资金（b）（元）
应收账款	570	0.14
存货	1 500	0.25
固定资产	4 500	0
应付账款	300	0.1
预收账款	390	0.03

资料三：丙企业 2023 年末总股数为 300 万股，无优先股，该年利息费用为 500 万元，假定该部分利息费用在 2024 年保持不变，预计 2024 年销售收入为 15 000 万元，预计息税前利润与销售收入的比率为 12%。该企业决定于 2024 年初从外部筹集资金 850 万元。具体筹资方案有两个：

方案 1：发行普通股股票 100 万股，发行价每股 8.5 元。2022 年每股股利（D_0）为 0.5 元，预计股利增长率为 5%。

方案 2：平价发行 5 年期债券 850 万元，票面利率 10%，每年付息一次，到期一次还本。

假定上述两个方案的筹资费用均忽略不计，适用的企业所得税税率为 25%。

要求：

（1）根据资料一，运用高低点法测算甲企业的下列指标：

①每元销售收入占用变动现金。

②销售收入占用不变现金总额。

（2）根据资料二，为乙企业完成下列任务：

①按步骤建立总资产需求模型。

②测算 2024 年资金需求总量。

③测算 2024 年外部筹资额。

（3）根据资料三，为丙企业完成下列任务：

①计算 2024 年预计息税前利润。

②计算每股收益无差别点的息税前利润。

③根据每股收益分析法作出最优筹资方案决策，并说明理由。

④计算方案 1 增发新股的资本成本。

2024 年度中级会计资格
《财务管理》全真模拟试题（六）

一、单项选择题（本类题共 20 小题，每小题 1.5 分，共 30 分。每小题备选答案中，只有一个符合题意的正确答案。错选、不选均不得分）

1. 某企业集团经过多年的发展，已初步形成从原料供应、生产制造到物流服务上下游密切关联的产业集群，当前集团总部管理层的素质较高，集团内部信息化管理的基础较好。据此判断，该集团最适宜的财务管理体制类型是（   ）。

    A. 集权型   B. 分权型

    C. 自主型   D. 集权与分权相结合型

2. 有 X、Y 两个投资项目，项目 X 的期望收益率为 10%，收益率的标准差为 5%，项目 Y 的期望收益率为 15%，收益率的标准差为 5%，下列表述正确的是（   ）。

    A. 项目 X 的风险高于项目 Y 的风险

    B. 项目 X 的风险等于项目 Y 的风险

    C. 无法比较两个项目的风险高低

    D. 项目 X 的风险低于项目 Y 的风险

3. 甲公司拟购买由 A、B、C 三种股票构成的投资组合，资金权重分别为 20%、40%、40%。A、B、C 三种股票的 β 系数分别为 0.6、2、1.4，无风险收益率为 4%，市场平均收益率为 10%。根据资本资产定价模型，该投资组合的必要收益率是（   ）。

    A. 4%   B. 12.88%   C. 6%   D. 12%

4. 假设甲公司的业务量以直接人工小时为单位，2023 年四个季度的业务量在 4 万 ~5 万小时之间变化，维修成本与业务量之间的关系如下表所示。

项目	第一季度	第二季度	第三季度	第四季度
业务量（万小时）	4.0	4.2	4.8	5.0
维修成本（万元）	100	104	109	108

利用高低点法建立维修成本的一般方程式为（　　　　）。

A．$Y = 51.75 + 11.25X$

B．$Y = 68 + 8X$

C．$Y = 55 + 11.25X$

D．$Y = 70.6 + 8X$

5．甲公司正在编制下一季度的销售费用预算，已知销量为 100 万件时，销售费用为 100 万元，单位变动销售费用为 0.6 元/件，每季度固定销售费用为 40 万元，预计下一季度的销量为 120 万件，则下一季度的销售费用预算为（　　　　）万元。

A．120　　　　　　B．140　　　　　　C．72　　　　　　D．112

6．关于直接筹资和间接筹资，下列表述错误的是（　　　　）。

A．直接筹资仅可以筹集股权资金　　　B．直接筹资的筹资费用较高

C．发行股票属于直接筹资　　　D．融资租赁属于间接筹资

7．下列关于租赁筹资的说法中，不正确的是（　　　　）。

A．能延长资金融通的期限

B．与购买的一次性支出相比，财务风险大

C．筹资的限制条件较少

D．与银行借款和发行债券相比，资本成本负担较高

8．下列关于吸收直接投资的说法，不正确的是（　　　　）。

A．出资方式中知识产权出资风险比较大

B．股东可以用特许经营权作价出资

C．相较于股票投资，吸收直接投资手续相对比较简单，筹资费用较低

D．货币资产出资是吸收直接投资中最重要的出资方式

9．下列各项中，不属于公司股票上市目的的是（　　　　）。

A．促进股权流动与转让　　　B．巩固公司的控制权

C．便于筹措新资金　　　D．便于确定公司价值

10．甲公司计划开展新项目，需筹集长期资本 1 000 万元，可以利用贷款、发行债券、发行普通股三种方式筹集，对应的资本成本分别是 5%、9%、12%，有三种方案：方案一贷款、发行债券、发行普通股比例为 40%、10%、50%；方案二贷款、发行债券、发行普通股比例为 20%、80%、0；方案三贷款、发行债券、发行普通股比例为 0、50%、50%。甲公司应选择的方案为（　　　　）。

A．方案一　　　B．方案二　　　C．方案三　　　D．无法判断

11．某公司 2023 年普通股收益为 100 万元，2024 年息税前利润预计增长 20%，假设财务杠杆系数为 3，则 2024 年普通股收益预计为（　　　　）万元。

A．300　　　　　　B．120　　　　　　C．100　　　　　　D．160

12．采用静态回收期法进行项目评价时，下列表述错误的是（　　　　）。

A．若每年现金净流量不相等，则无法计算静态回收期

B．静态回收期法没有考虑资金时间价值

C．若每年现金净流量相等，则静态回收期等于原始投资额除以每年现金净流量

D．静态回收期法没有考虑回收期后的现金流量

13. 某投资项目只有第一年年初产生现金净流出，随后各年均产生现金净流入，且其动态回收期短于项目的寿命期，则该投资项目的净现值（　　　）。

　　A. 大于 0　　　　　B. 无法判断　　　　C. 等于 0　　　　D. 小于 0

14. 某投资项目需要在第一年年初投资 840 万元，寿命期为 10 年，每年可带来营业现金流量 180 万元，已知按照必要收益率计算的 10 年期年金现值系数为 7.0，则该投资项目的年金净流量为（　　　）万元。

　　A. 60　　　　　　　B. 120　　　　　　　C. 96　　　　　　D. 126

15. 某公司全年（按 360 天计）材料采购量预计为 7 200 吨，假定材料日耗均衡，从订货到送达正常需要 3 天，鉴于延迟交货会产生较大损失，公司按照延误天数 2 天建立保险储备，不考虑其他因素，材料再订货点为（　　　）吨。

　　A. 80　　　　　　　B. 40　　　　　　　C. 60　　　　　　D. 100

16. 应收账款的管理成本主要是指在进行应收账款管理时所增加的费用，下列各项中，不属于应收账款管理成本的是（　　　）。

　　A. 收集各种信息的费用

　　B. 收账费用

　　C. 账簿的记录费用

　　D. 应收账款占用资金应计利息

17. 下列各项因素中，不影响存货经济订货批量计算结果的是（　　　）。

　　A. 存货年需要量　　　　　　　　B. 单位变动储存成本

　　C. 保险储备　　　　　　　　　　D. 每次订货变动成本

18. 下列计算息税前利润的公式中，不正确的是（　　　）。

　　A. 销售量×（单价－单位变动成本）－固定成本

　　B. 销售收入×（1－变动成本率）－固定成本

　　C. 安全边际率×边际贡献

　　D. 盈亏平衡点销售量×边际贡献率

19. 某产品本期产量为 60 套，直接材料标准用量为 18 千克/套，直接材料标准价格为 270 元/千克，直接材料实际用量为 1 200 千克，实际价格为 210 元/千克，则该产品的直接材料用量差异为（　　　）元。

　　A. 10 800　　　　　B. 12 000　　　　　C. 32 400　　　　D. 33 600

20. 下列各项中，应使用强度动因作为作业量计量单位的是（　　　）。

　　A. 产品的生产准备　　　　　　　B. 复杂产品的安装

　　C. 接受订单数　　　　　　　　　D. 处理收据数

二、多项选择题（本类题共 10 小题，每小题 2 分，共 20 分。每小题备选答案中，有两个或两个以上符合题意的正确答案。请至少选择两个答案。全部选对得满分，少选得相应分值，多选、错选、不选均不得分）

1. 下列各项企业财务管理目标中能够同时考虑避免企业追求短期行为和考虑了风

险因素的财务管理目标有（　　　）。

  A. 利润最大化   B. 股东财富最大化

  C. 企业价值最大化   D. 相关者利益最大化

2. 下列关于资产收益率的说法，正确的有（　　　）。

  A. 实际收益率的高低受到通货膨胀的影响

  B. 一般采用加权平均的方法计算预期收益率

  C. 无风险收益率等于纯粹利率

  D. 必要收益率等于无风险收益率加上风险收益率

3. 混合性筹资动机的一般目的包括（　　　）。

  A. 降低资产负债率   B. 降低经营风险

  C. 企业规模扩张   D. 调整资本结构

4. 下列各项中，不能作为吸收直接投资出资方式的有（　　　）。

  A. 特许经营权   B. 土地使用权

  C. 商誉   D. 非专利技术

5. 平均资本成本计算涉及对个别资本的权重选择问题，对于有关价值权数，下列说法正确的有（　　　）。

  A. 账面价值权数不适合评价现时的资本结构合理性

  B. 目标价值权数一般以历史账面价值为依据

  C. 目标价值权数更适用于企业未来的筹资决策

  D. 市场价值权数能够反映现时的资本成本水平

6. 如果某项目投资方案的内含收益率大于必要报酬率，则（　　　）。

  A. 年金净流量大于原始投资额现值

  B. 现值指数大于 1

  C. 净现值大于 0

  D. 静态回收期小于项目寿命期的一半

7. 下列各项中，会导致公司采用紧缩的流动资产投资策略的情形有（　　　）。

  A. 销售额不稳定且难以预测

  B. 企业融资困难

  C. 销售边际毛利较低

  D. 企业中有风险承受能力较强的决策者

8. 根据我国对短期融资券的相关规定，下列说法正确的有（　　　）。

  A. 与银行借款相比，短期融资券发行条件较为严格

  B. 企业需要为发行的短期融资券提供担保

  C. 短期融资券面向社会公众发行和交易

  D. 与企业债券相比，短期融资券的筹资成本较低

9. 下列指标中适用于对利润中心进行业绩考评的有（　　　）。

  A. 投资收益率   B. 部门边际贡献

C. 剩余收益　　　　　　　　　　　D. 可控边际贡献

10. 某公司发放股利前的股东权益项目如下：普通股股数 3 000 万股，无优先股，股本 3 000 万元，未分配利润 5 000 万元，资本公积 2 000 万元，盈余公积 2 000 万元。公司执行按每 10 股发放股票股利 1 股的股利分配政策。股票股利按市价计算，每股市场价格为 10 元，分配完毕后，下列说法正确的有（　　　　）。

A. 股本 3 300 万元　　　　　　　　B. 未分配利润 2 000 万元

C. 所有者权益 12 000 万元　　　　　D. 盈余公积 4 700 万元

三、判断题（本类题共 10 小题，每小题 1 分，共 10 分。请判断每小题的表述是否正确。每小题答题正确的得 1 分，错答、不答均不得分，也不扣分）

1. 金融工具是指形成一方的金融资产并形成其他方的金融负债的合同。　　（　　）

2. 在预算编制过程中，企业销售预算一般应当在生产预算的基础上编制。（　　）

3. 能在直接材料预算中找到的项目包括产品销量、产品产量、期末材料存货、期初材料存货。　　　　　　　　　　　　　　　　　　　　　　　　　　　（　　）

4. 相对于发行企业债券筹资而言，发行短期融资券的筹资成本较低。　　（　　）

5. 均衡的企业所有权结构是由股权代理成本和债务代理成本之间的平衡关系来决定的。　　　　　　　　　　　　　　　　　　　　　　　　　　　　　　　（　　）

6. 优序融资理论认为，在成熟的市场上，企业筹资优序模式首先是发行新股。　　　　　　　　　　　　　　　　　　　　　　　　　　　　　　　　　　　（　　）

7. 在银行授予企业的信贷额度内，企业可以按需借款，银行应当承担满足企业在贷款限额内的全部需求的法律义务。　　　　　　　　　　　　　　　　　　（　　）

8. 经济性原则是企业纳税筹划的首要原则。　　　　　　　　　　　　　（　　）

9. "手中鸟"理论认为当公司支付较高的股利时，公司的股票价格会随之下降。
　　　　　　　　　　　　　　　　　　　　　　　　　　　　　　　　　（　　）

10. 对于认股权证和股份期权，在计算稀释每股收益时，作为分子的净利润金额一般不变。　　　　　　　　　　　　　　　　　　　　　　　　　　　　　　（　　）

四、计算分析题（本类题共 3 小题，共 15 分。凡要求计算的，可不列出计算过程；计算结果出现两位以上小数的，均四舍五入保留小数点后两位小数，百分比指标保留百分号前两位小数。凡要求解释、分析、说明理由的，必须有相应的文字阐述）

1. 甲公司是一家商品经销商，第一季度有关预算如下：

（1）第一季度各月预计销售量依次为 1 000 件、1 200 件、1 500 件，预计销售单价 1 000 元/件，每月销售额在当月收回 40%，次月收回 60%。

（2）每月月末商品库存量预计为次月销售量的 30%，预计采购单价为 70 元/件，每月采购款在当月支付 80%，次月支付 20%。

（3）预计第一季度的现金余缺为 -15 000 元，理想的期末现金余额为 4 500 元，计划在本季度初利用长期借款筹措资金，借款金额要求是 10 000 元的整数倍，年利率为

8%，在季度末支付利息。

要求：

（1）计算二月末预计应收账款余额。

（2）计算二月末预计存货余额与预计应付账款余额。

（3）计算第一季度长期借款金额与第一季度末预计货币资金余额。

2．E 公司只产销一种甲产品，甲产品只消耗乙材料。2024 年第四季度按定期预算法编制 2025 年的企业预算，部分预算资料如下：

资料一：乙材料 2025 年初的预计结存量为 2 000 千克，各季度末乙材料的预计结存量数据如下表所示。

2025 年各季度末乙材料预计结存量 单位：千克

项目	第一季度	第二季度	第三季度	第四季度
乙材料	1 000	1 200	1 200	1 300

每季度乙材料的购货款于当季度支付 40%，剩余 60% 于下一个季度支付；2025 年初的预计应付账款余额为 80 000 元。该公司 2025 年度乙材料的采购预算如下表所示。

项目	第一季度	第二季度	第三季度	第四季度	全年
预计甲产品量（件）	3 200	3 200	3 600	4 000	14 000
材料定额单耗（千克/件）	5	×	×	×	×
预计生产需要量（千克）	×	16 000	×	×	70 000
加：期末结存量（千克）	×	×	×	×	×
预计需要量合计（千克）	17 000	（A）	19 200	21 300	（B）
减：期初结存量（千克）	×	1 000	（C）	×	×
预计材料采购量（千克）	（D）	×	×	20 100	（E）
材料计划单价（元/千克）	10	×	×	×	×
预计采购金额（元）	150 000	162 000	180 000	201 000	693 000

注：表内"材料定额单耗"是指在现有生产技术条件下，生产单位产品所需要的材料数量；全年乙材料计划单价不变；表内的"×"为省略的数值。

资料二：E 公司 2025 年第一季度实际生产甲产品 3 400 件，耗用乙材料 20 400 千克，乙材料的实际单价为 9 元/千克。

要求：

（1）确定 E 公司乙材料采购预算表中用字母表示的项目数值（不需要列示计算过程）。

（2）计算 E 公司 2025 年第一季度预计采购现金支出和第四季度末预计应付款金额。

（3）计算乙材料的单位标准成本。

（4）计算 E 公司 2025 年第一季度甲产品消耗乙材料的成本差异、价格差异与用量差异。

（5）根据上述计算结果，指出 E 公司进一步降低甲产品消耗乙材料成本的主要措施。

3. 甲公司拟加盟乙快餐集团，乙集团对加盟企业采取不从零开始的加盟政策，将已运营 2 年以上、达到盈亏平衡条件的自营门店整体转让给符合条件的加盟商，加盟经营协议期限 15 年，加盟时一次性支付 450 万元加盟费，加盟期内，每年按年营业额的 10% 向乙集团支付特许经营权使用费和广告费，甲公司预计将于 2023 年 12 月 31 日正式加盟，目前正进行加盟店 2024 年度的盈亏平衡分析。

其他相关资料如下：

（1）餐厅面积 400 平方米，仓库面积 100 平方米，每平方米年租金 2 400 元。

（2）为扩大营业规模，新增一项固定资产，该资产原值 300 万元，按直接法计提折旧，折旧年限 10 年（不考虑残值）。

（3）快餐每份售价 40 元，变动制造成本率 50%，每年正常销售量 15 万份。

假设固定成本、变动成本率保持不变。

要求：

（1）计算加盟店年固定成本总额、单位变动成本、盈亏临界点销售额及正常销售量时的安全边际率。

（2）如果计划目标税前利润达到 100 万元，计算快餐销售量；假设其他因素不变，如果快餐销售价格上浮 5%，以目标税前利润 100 万元为基数，计算目标税前利润变动的百分比及目标税前利润对单价的敏感系数。

（3）如果计划目标税前利润达到 100 万元，且快餐销售量能够达到 20 万份，计算加盟店可接受的快餐最低销售价格。

五、综合题（本类题共 2 小题，共 25 分。凡要求计算的，可不列出计算过程；计算结果出现两位以上小数的，均四舍五入保留小数点后两位小数，百分比指标保留百分号前两位小数。凡要求解释、分析、说明理由的，必须有相应的文字阐述）

1. 甲公司生产和销售 A 产品，有关资料如下：

资料一：2023 年产销量为 45 000 件，单价为 240 元/件，单位变动成本为 200 元/件，固定成本总额为 1 200 000 元。

资料二：2023 年公司负债为 4 000 000 元，平均利息率为 5%；发行在外的普通股为 800 000 股。公司适用的企业所得税税率为 25%。

资料三：公司拟在 2024 年初对生产线进行更新，更新后，原有产销量与单价保持不变，单位变动成本将降低到 150 元/件，年固定成本总额将增加到 1 800 000 元。

资料四：生产线更新需要融资 6 000 000 元，公司考虑如下两种融资方案：一是向银行借款 6 000 000 元，新增借款利息率为 6%；二是增发普通股 200 000 股，每股发行价为 30 元。

要求：

（1）根据资料一，计算 2023 年下列指标：①息税前利润；②盈亏平衡点销售额。

（2）根据资料一和资料二，以 2023 年为基期，计算：①经营杠杆系数；②财务杠杆系数；③总杠杆系数。

（3）根据资料一和资料二，计算 2023 年每股收益。

（4）根据资料一、资料二和资料三，计算生产线更新后的下列指标：①盈亏平衡点销售量；②安全边际率；③息税前利润。

（5）根据资料一至资料四，计算每股收益无差别点的息税前利润，并据此判断应选择哪种融资方案。

（6）若资料四中生产线更新所需从外部追加的资金均采用发行债券方式取得，每张债券面值为 1000 元，票面利率 8%，期限 5 年，每年年末付息，到期还本，发行价格为 900 元，所得税税率为 25%，假设不考虑筹资费用的影响，运用一般模式计算债券的资本成本。

2. 某企业 2024 年 12 月 31 日的资产负债表（简表）如下表所示。

资产负债表（简表）

2024 年 12 月 31 日   单位：万元

资产	期末数	负债及所有者权益	期末数
货币资金	300	应付账款	300
应收账款净额	900	应付票据	600
存货	1 800	长期借款	2 700
固定资产净值	2 100	实收资本	1 200
无形资产	300	留存收益	600
资产总计	5 400	负债及所有者权益总计	5 400

该企业 2024 年的销售收入为 6 000 万元，销售净利率为 10%，净利润的 50% 分配给投资者。预计 2025 年销售收入比 2019 年增长 25%，为此需要增加固定资产 200 万元，增加无形资产 100 万元，根据有关情况分析，企业流动资产项目和流动负债项目将随销售收入同比例增减。

假定该企业 2025 年的销售净利率和利润分配政策与上年保持一致，该年度长期借款不发生变化；2025 年末固定资产净值和无形资产合计为 2 700 万元。2025 年企业需要增加对外筹集的资金由投资者增加投入解决。

要求：

（1）计算 2025 年需要增加的营运资金。

（2）计算 2025 年需要增加对外筹集的资金（不考虑计提法定盈余公积的因素，以前年度的留存收益均已有指定用途）。

（3）计算 2025 年末的流动资产额、流动负债额、资产总额、负债总额和所有者权益总额。

（4）计算 2025 年末的速动比率和产权比率。

（5）计算 2025 年的流动资产周转次数和总资产周转次数。

（6）计算 2025 年的净资产收益率。

（7）计算 2025 年的所有者权益增长率和总资产增长率。

2024 年度中级会计资格
《财务管理》全真模拟试题（七）

一、单项选择题（本类题共 20 小题，每小题 1.5 分，共 30 分。每小题备选答案中，只有一个符合题意的正确答案。错选、不选均不得分）

1. 下列关于股东财富最大化财务管理目标存在的问题中，说法不正确的是（　　）。
   A. 股价不能完全准确地反映企业财务管理状况
   B. 通常只适用于非上市公司
   C. 对其他相关者的利益重视不够
   D. 强调股东利益

2. 下列风险管理对策中，属于"风险转移"对策的是（　　）。
   A. 退出某一市场以避免激烈竞争
   B. 采取合营方式实现风险共担
   C. 战略上的多种经营
   D. 提取风险准备金

3. 某资产的必要收益率为 R，β 系数为 1.5，市场收益率为 10%。假设无风险收益率和 β 系数不变，如果市场收益率为 8%，则资产的必要收益率为（　　）。
   A. R − 3%
   B. R − 2%
   C. R + 3%
   D. R + 2%

4. 与企业日常业务直接相关的一系列预算是（　　）。
   A. 财务预算
   B. 日常经营预算
   C. 专门决策预算
   D. 责任预算

5. A 公司预计原材料价格要上涨，2024 年计划购买大额原材料以应对将来原材料价格的上涨，为了购买原材料公司需要筹集资金，这种筹资动机属于（　　）。
   A. 支付性筹资动机
   B. 扩张性筹资动机
   C. 调整性筹资动机
   D. 混合性筹资动机

6. 与银行借款相比，下列各项中，不属于租赁筹资特点的是（　　）。
   A. 资本成本低
   B. 财务风险小

C. 融资期限长   D. 融资限制少

7. 相对于股权筹资，债务筹资的优点不包括（   ）。

    A. 筹资速度较快

    B. 灵活商定债务条件，控制筹资数量，安排取得资金的时间

    C. 资本成本负担较轻

    D. 能形成企业稳定的资本基础

8. 下列各项中，不影响财务杠杆系数的因素是（   ）。

    A. 债务资金比重   B. 普通股收益水平

    C. 固定成本总额   D. 固定性资本成本

9. 甲公司只生产一种产品，当前的息税前利润为 80 万元。运用本量利关系对影响息税前利润的各因素进行敏感性分析后得出，单价的敏感系数为 3，单位变动成本的敏感系数为 −1.5，销售量的敏感系数为 1.5，固定成本的敏感系数为 −0.5。下列说法中，不正确的是（   ）。

    A. 上述影响息税前利润的因素中，单价是最敏感的，固定成本是最不敏感的

    B. 当单价提高 10% 时，息税前利润将增加 24 万元

    C. 当单位变动成本的上升幅度超过 50% 时，公司将转为亏损

    D. 经营杠杆系数为 1.5

10. 下列关于投资组合理论的表述中，正确的是（   ）。

    A. 投资组合能消除大部分系统性风险

    B. 投资组合的总规模越大，承担的风险就越大

    C. 特有风险是无法通过投资组合分散掉的

    D. 一般情况下随着更多的资产加入到投资组合之中，整体风险降低的速度越来越慢

11. 下列关于私募股权投资基金的表述中，不正确的是（   ）。

    A. 私募股权投资基金主要通过退出项目实现收益

    B. 投资周期长，投资收益稳定

    C. 对投资决策与管理的专业要求较高

    D. 投资后需进行非财务资源注入

12. 已知某投资项目于期初一次投入现金 1 000 万元，项目资本成本为 8%，内含收益率为 15%，项目寿命期为 5 年，建设期为 0，项目投产后每年可以产生等额的现金净流量。已知（P/A，8%，5）=3.9927，（P/A，15%，5）=3.3522。则该项目的净现值为（   ）万元。

    A. 1 191.06   B. 0

    C. 191.06   D. 298.31

13. 甲公司的生产经营存在季节性，每年的 5 月到 11 月是生产经营淡季，12 月到次年 4 月是生产经营旺季。如果使用应收账款年初余额和年末余额的平均数计算应收账款周转次数，计算结果会（   ）。

    A. 低估应收账款周转速度

    B. 高估应收账款周转速度

    C. 正确反映应收账款周转速度

    D. 无法判断对应收账款周转速度的影响

14. 下列有关应收账款证券化筹资特点的说法中，错误的是（   ）。

    A. 拓宽企业融资渠道   B. 提高融资成本

    C. 盘活存量资产   D. 提高资产使用效率

15. 假设某企业只生产销售一种产品，单价50元，边际贡献率40%，每年固定成本300万元，预计来年产销量为20万件，则价格对利润影响的敏感系数为（   ）。

    A. 10   B. 8

    C. 4   D. 40

16. 在企业责任成本管理中，责任成本是成本中心考核和控制的主要指标，其构成内容是（   ）。

    A. 产品成本之和   B. 固定成本之和

    C. 可控成本之和   D. 不可控成本之和

17. 某企业生产A产品，预计单位产品的制造成本为80元，计划销售2 000件，计划期的期间费用总额为600 000元，该产品适用的消费税税率为5%，成本利润率必须达到30%，根据上述资料，运用全部成本费用加成定价法测算的单位甲产品的价格应为（   ）元。

    A. 500   B. 508

    C. 516   D. 520

18. M商品一般纳税人适用的增值税税率为13%，小规模纳税人的征收率为3%。假设甲公司2023年5月购进M商品不含税价格为182 000元，当月实现的不含税销售额为223 000元，不考虑其他因素，则下列说法正确的是（   ）。

    A. 无差别平衡点增值率为28.8%

    B. 无差别平衡点增值率为23.4%

    C. 甲公司作为一般纳税人的税负要轻于作为小规模纳税人的税负

    D. 甲公司作为一般纳税人的税负要重于作为小规模纳税人的税负

19. 甲公司2023年初流通在外普通股5 000万股，优先股800万股；2023年6月30日增发普通股3 000万股。2023年末股东权益合计40 000万元，每股优先股股东权益5元，无拖欠的累积优先股股息。2023年末甲公司普通股每股市价为15元，市净率是（   ）。

    A. 3.88   B. 3.33

    C. 3.67   D. 3.58

20. 下列各项中，不属于获取现金能力分析指标的是（   ）。

    A. 全部资产现金回收率   B. 现金比率

    C. 营业现金比率   D. 每股营业现金净流量

二、多项选择题 （本类题共 10 小题，每小题 2 分，共 20 分。每小题备选答案中，有两个或两个以上符合题意的正确答案。请至少选择两个答案。全部选对得满分，少选得相应分值，多选、错选、不选均不得分）

1. 甲公司有 A、B 两个所属单位，拟采用集权与分权相结合的财务管理体制，下列各项中，甲公司应当给所属单位分权的有（   ）。
   A. 所属单位的产品定价
   B. 所属单位的财务机构设置
   C. 所属单位的资金筹集
   D. 所属单位的费用开支审批

2. 按照资本资产定价模型，一项资产组合的必要报酬率（   ）。
   A. 与组合中个别品种的 β 系数有关
   B. 与国债利率有关
   C. 与投资者的要求有关
   D. 与投资者的投资金额有关

3. 在编制资金预算时，计算某期现金余缺必须考虑的因素有（   ）。
   A. 期初现金余额　　　　　　　　　B. 期末现金余额
   C. 当期现金支出　　　　　　　　　D. 当期现金收入

4. 下列各项中，属于零基预算法特点的有（   ）。
   A. 能够灵活应对内外环境的变化
   B. 有助于增加预算编制透明度
   C. 预算编制的准确性受企业管理水平和相关数据标准准确性影响较大
   D. 可能导致无效费用开支无法得到有效控制

5. 根据资金习性将资金划分为不变资金、变动资金和半变动资金，下列各项中，属于变动资金的有（   ）。
   A. 原材料的保险储备占用的资金
   B. 直接构成产品实体的原材料占用的资金
   C. 外购件占用的资金
   D. 为维持营业而占用的最低数额的现金

6. 根据资本资产定价模型计算普通股的成本，必须估计（   ）。
   A. 无风险利率　　　　　　　　　　B. 股票的贝塔系数
   C. 市场风险溢价　　　　　　　　　D. 股利发放比例

7. 在两种证券构成的投资组合中，关于两种证券收益率的相关系数，下列说法正确的有（   ）。
   A. 当相关系数为 1 时，两种证券的收益率完全正相关，该投资组合能最大限度地降低风险
   B. 当相关系数为 -1 时，两种证券的收益率完全负相关，该投资组合能最大限

度地降低风险

C. 当相关系数为 0 时，两种证券的收益率不相关，该投资组合不能降低风险

D. 通过投资组合可分散的风险为非系统风险

8. 在标准成本差异的计算中，下列成本差异中，属于价格差异的有（　　）。

A. 直接人工工资率差异

B. 变动制造费用耗费差异

C. 固定制造费用能量差异

D. 变动制造费用效率差异

9. 下列关于股权激励的股票期权模式的表述中，正确的有（　　）。

A. 能够降低委托代理成本

B. 有利于降低激励成本

C. 可以锁定期权人的风险

D. 可能带来经营者的短期行为

10. 关于经济增加值绩效评价方法，下列表述正确的有（　　）。

A. 经济增加值的计算主要基于财务指标，无法对企业进行综合评价

B. 同时考虑了债务资本成本和股权资本成本

C. 适用于对不同规模的企业绩效进行横向比较

D. 有助于实现经营者利益与企业利益的统一

三、判断题（本类题共 10 小题，每小题 1 分，共 10 分。请判断每小题的表述是否正确。每小题答题正确的得 1 分，错答、不答均不得分，也不扣分）

1. 解聘是通过市场约束经营者的措施。　　　　　　　　　　　　　　（　　）

2. 根据证券投资组合理论，在其他条件不变的情况下，如果两项贷款的收益率具有完全正相关关系，则该证券投资组合不能够分散风险。　　　　　　（　　）

3. 属于编制全面预算的出发点和日常经营预算基础的是销售预算。　（　　）

4. 与公开增发股票相比较，定向增发股票更有利于上市公司引入战略投资者。

（　　）

5. 对单个投资项目进行财务可行性评价时，利用净现值法和现值指数法所得出的结论是一致的。　　　　　　　　　　　　　　　　　　　　　（　　）

6. 营运资金具有多样性、波动性、短期性、变动性和不易变现性等特点。（　　）

7. 标准成本法的优点在于能够提供更加准确的各维度成本信息，有助于企业提高产品定价、作业与流程改进、客户服务等决策的准确性。　　　　　　（　　）

8. 当公司处于经营稳定或成长期，对未来的盈利和支付能力可作出准确判断并具有足够把握时，可以考虑采用稳定增长的股利政策，增强投资者信心。（　　）

9. 管理层讨论与分析是上市公司定期报告的重要组成部分。在我国，管理层讨论与分析的披露原则基本上是强制与自愿相结合。　　　　　　　　　（　　）

10. 每股净资产是理论上股票的最低价值。　　　　　　　　　　　　（　　）

四、计算分析题（本类题共 3 小题，共 15 分。凡要求计算的，可不列出计算过程；计算结果出现两位以上小数的，均四舍五入保留小数点后两位小数，百分比指标保留百分号前两位小数。凡要求解释、分析、说明理由的，必须有相应的文字阐述）

1. 某生产企业生产需要使用 A 零件，零件的全年（按 360 天计算）需求量为 3 600 件，假定零件日耗均衡，可以外购，也可以自制。如果外购需从外地进货，单价 4 元，一次订货成本 10 元，从订货到送达正常需要 3 天，鉴于延迟交货会产生较大损失，公司按照延误天数 2 天建立保险储备；如果自制，单位制造成本 3 元，每次生产准备成本 600 元，每日产量 50 件。储存变动成本为零件价值的 20%。

要求：

（1）若选择外购：

①经济订货批量为多少。

②与经济订货批量相关的总成本为多少。

③再订货点为多少。

（2）若选择自制：

①经济生产批量为多少。

②与经济生产批量相关的总成本为多少。

（3）计算外购与自制包含购置（或制造）的总成本，并决策应选择外购还是自制。

2. 甲公司生产和销售 A、B、C 三种产品，采用联合单位法进行本量利分析，由 2 件 A 产品、1 件 B 产品和 2 件 C 产品构成一个联合单位。已知固定成本总额为 72 000 元，产品产销量、单价和单位变动成本数据如下表所示。

项目	A 产品	B 产品	C 产品
产销量（件）	2 000	1 000	2 000
单价（元）	60	90	75
单位变动成本（元）	40	60	50

要求：

（1）计算联合单价。

（2）计算联合单位变动成本。

（3）计算联合盈亏平衡点的业务量。

（4）计算 A 产品盈亏平衡点的业务量。

（5）计算三种产品的综合边际贡献率。

3. 甲公司生产销售 A 产品，设计生产能力为 150 万件/年，本年度计划生产并销售 120 万件，预计单位变动成本为 200 元。年固定成本费用总额为 3 000 万元，该产品适用的消费税税率为 5% ，甲公司对计划内产品采取全部成本费用加成定价法，相应的成本利润率要求达到 30% ；对计划外产品则采取变动成本加成定价法，相应的成本利润率同样要求达到 30% 。

假定公司本年度接到一项计划外订单，客户要求订购 10 万件 A 产品，报价为 300元/件。

要求：

（1）计算甲公司计划内 A 产品单位价格。

（2）计算甲公司计划外 A 产品单位价格。

（3）判断甲公司是否应当接受这项计划外订单，并说明理由。

五、综合题（本类题共 2 小题，共 25 分。凡要求计算的，可不列出计算过程；计算结果出现两位以上小数的，均四舍五入保留小数点后两位小数，百分比指标保留百分号前两位小数。凡要求解释、分析、说明理由的，必须有相应的文字阐述）

1. 甲公司拟进行一个新项目投资，需购置固定资产。现有 A、B 两个方案备选，相关资料如下：

资料一：甲公司现有长期资本 150 000 000 元，其中，普通股股本为 90 000 000 元（45 000 000 股），长期借款为 60 000 000 元。长期借款利率为 8% 。该公司股票的系统风险是整个股票市场风险的 2 倍。目前整个股票市场平均收益率为 10% ，无风险收益率为 4% 。假设该投资项目的风险与公司整体风险一致。

资料二：A 方案需要在期初购置固定资产 3 000 000 元，安装期限 1 年，预计使用寿命为 5 年，与税法规定折旧年限一致，期满无残值，采用直线法计提折旧。该项目投产后预计每年增加营业收入 3 000 000 元、付现营业成本 800 000 元。

资料三：B 方案需要在期初购置固定资产 2 000 000 元，不需要安装就可以使用，预计使用寿命为 3 年，与税法规定折旧年限一致，预计净现值 2 339 300 元。

资料四：投资新项目所需资金需要筹集，有两种筹资方案可供选择，方案一为增发每股 2 元的普通股股票，方案二选择向银行取得长期借款，利息率 9% 。

甲公司预期的息税前利润为 13 000 000 元。适用的所得税税率为 25% ，假设不考虑其他因素，相关货币时间价值系数如下表所示：

期数（n）	1	2	3	4	5	6
(P/F，i，n)	0.8929	0.7972	0.7118	0.6355	0.5674	0.5066
(P/A，i，n)	0.8929	1.6901	2.4018	3.0373	3.6048	4.1114

要求：

（1）根据资料一，利用资本资产定价模型计算甲公司普通股资本成本和加权平均资本成本。

（2）根据资料二，计算 A 方案的年折旧额、营业期每年的现金净流量及净现值。

（3）根据资料二和资料三，判断甲公司应采用哪个投资方案，并说明理由。

（4）根据资料四，结合要求（3），判断甲公司应选择哪种筹资方案，并说明理由。

2. 甲公司是一家制造企业，相关资料如下：

资料一：甲公司 2023 年末资本总额为 10 000 万元，其中长期银行借款 2 000 万元，年利率为 6%，所有者权益（包括普通股股本和留存收益）为 8 000 万元。公司计划在 2023 年追加筹集资金 10 000 万元，其中按面值发行债券 4 000 万元，票面年利率为 7%，期限 5 年，每年付息一次，到期一次还本，筹资费用率为 3%；平价发行优先股筹资 6 000 万元，固定股息率为 8%，筹资费用率为 4%。公司普通股 β 系数为 1.5，一年期国债利率为 3%，市场平均收益率为 9%，公司适用的所得税税率为 25%。假设不考虑筹资费用对资本结构的影响，发行债券和优先股不影响借款利率和普通股股价。预计公司 2024 年的税后净营业利润为 5 000 万元。

资料二：甲公司季节性采购一批商品，供应商报价为 500 万元。付款条件为 "2/10，1/30，N/60"。目前甲公司资金紧张，预计到第 60 天才有资金用于支付，若要在 60 天内付款只能通过借款解决，银行借款年利率为 5%。假定一年按 360 天计算。

资料三：甲公司生产销售 A、B、C 三种产品，销售单价分别为 100 元、200 元、250 元；预计销售量分别为 12 000 件、8 000 件、4 000 件；预计各产品的单位变动成本分别为 60 元、140 元、140 元；预计固定成本总额为 1 000 000 元。

要求：

（1）根据资料一，计算下列指标：

①计算甲公司长期银行借款的资本成本。

②计算甲公司发行债券的资本成本（不用考虑货币时间价值）。

③计算甲公司发行优先股的资本成本。

④利用资本资产定价模型计算甲公司留存收益的资本成本。

⑤计算甲公司追加筹资后的加权平均资本成本。

⑥假设没有需要调整的项目，计算甲公司的经济增加值。

（2）根据资料二，完成下列要求：

①填写下表（不需要列示计算过程）。

应付账款折扣分析表

付款日	折扣率（%）	付款额（万元）	折扣额（万元）	放弃折扣的信用成本率（%）	银行借款利息（万元）	享受折扣的净收益（万元）
第 10 天						
第 30 天						
第 60 天						

②请作出选择，并说明理由。

（3）根据资料三，完成下列计算（盈亏平衡点的销售量按四舍五入保留整位数）：

①按加权平均法进行多种产品的盈亏平衡分析，计算各产品的盈亏平衡点的销售量及盈亏平衡点的销售额。

②按联合单位法计算各产品的盈亏平衡点的销售量及盈亏平衡点的销售额。

③按分算法进行多种产品的盈亏平衡分析，假设固定成本按边际贡献的比重分配，计算各产品的盈亏平衡点的销售量及盈亏平衡点的销售额。

2024 年度中级会计资格
《财务管理》全真模拟试题（八）

一、单项选择题（本类题共 20 小题，每小题 1.5 分，共 30 分。每小题备选答案中，只有一个符合题意的正确答案。错选、不选均不得分）

1. 公司采用增加厂房设备、开发新产品的财务管理战略，那么公司处于经济周期的（　　）。
   A. 复苏阶段　　　　B. 繁荣阶段　　　　C. 衰退阶段　　　　D. 萧条阶段

2. 某人目前有资金 100 万元，打算经过 8 年让资金翻倍，也就是增值为 200 万元，那么他需将资金存在利率为（　　）的金融品种上。已知：（F/P，10%，8）= 2.1436，（F/P，9%，8）= 1.9926，（F/P，8%，8）= 1.8509。
   A. 9.05%　　　　B. 9.12%　　　　C. 9.26%　　　　D. 9.87%

3. 下列各种风险应对措施中，属于风险补偿对策的是（　　）。
   A. 业务外包　　　　　　　　　　B. 多元化投资
   C. 放弃亏损项目　　　　　　　　D. 计提资产减值准备

4. 根据成本性态，下列固定成本中，一般属于约束性固定成本的是（　　）。
   A. 职工培训费　　　B. 厂房租金　　　C. 专家咨询费　　　D. 广告费

5. 丙公司预计某年各季度的销售量分别为 100 件、120 件、180 件、200 件，预计每季度末产成品存货为下一季度销售量的 20%。丙公司第二季度预计生产量为（　　）件。
   A. 120　　　　　B. 132　　　　　C. 136　　　　　D. 156

6. 某企业正编制 8 月的"资金预算"。预计 8 月初短期借款为 100 万元，月利率为 1%，该企业不存在长期负债，预计 8 月现金余缺为 −50 万元。现金不足时，通过银行借款解决，借款额为 1 万元的整数倍，8 月末现金余额要求不低于 10 万元。假设企业每月支付一次利息，借款在期初，还款在期末，则应向银行借款的最低金额为（　　）万元。
   A. 60　　　　　　B. 61　　　　　　C. 62　　　　　　D. 63

7. 长期借款特殊性保护条款是针对某些特殊情况而出现在部分借款合同中的条款，主要是（　　）。

A. 保持存货储备量

B. 及时清偿债务

C. 不准贴现应收票据

D. 要求公司主要领导购买人身保护

8. 下列关于留存收益筹资的表述中，错误的是（　　）。

A. 留存收益筹资可以维持公司的控制权结构

B. 留存收益筹资不会发生筹资费用，因此没有资本成本

C. 留存收益来源于提取的盈余公积金和留存于企业的利润

D. 留存收益筹资有企业的主动选择，也有法律的强制要求

9. 与普通股筹资相比，下列各项中，属于优先股筹资优点的是（　　）。

A. 有利于降低公司财务风险

B. 优先股股息可以抵减所得税

C. 有利于保障普通股股东控制权

D. 有利于减轻公司现金支付的财务压力

10. 在采用销售百分比法预测资金需要量时，下列各项中，被视为不随销售收入的变动而变动的是（　　）。

A. 库存现金　　　　　　　　　　B. 应付账款

C. 存货　　　　　　　　　　　　D. 短期融资券

11. 某投资项目各年的预计净现金流量分别为：$NCF_0 = -200$ 万元，$NCF_1 = -50$ 万元，$NCF_{2\sim3} = 100$ 万元，$NCF_{4\sim11} = 250$ 万元，$NCF_{12} = 150$ 万元，则该项目包括建设期的静态投资回收期为（　　）年。

A. 2.0　　　　　　B. 2.5　　　　　　C. 3.2　　　　　　D. 4.0

12. 到期风险附加率是投资者承担（　　）的一种补偿。

A. 变现风险　　　　　　　　　　B. 资产风险

C. 购买力风险　　　　　　　　　D. 价格风险

13. 某公司预期未来市场利率上升而将闲置资金全部用于短期证券投资，而到期时市场利率却大幅度下降，这意味着公司的证券投资出现（　　）。

A. 再投资风险　　　　　　　　　B. 购买力风险

C. 汇率风险　　　　　　　　　　D. 变现风险

14. 某企业采用"销售收入"计算出来的存货周转次数为 5 次，采用"销售成本"计算出来的存货周转次数为 4 次，如果已知该企业的销售毛利为 2 000 万元，净利润为 1 000 万元，则该企业的销售净利率为（　　）。

A. 20%　　　　　B. 10%　　　　　C. 5%　　　　　D. 8%

15. 在边际贡献大于固定成本的情况下，下列措施中，不利于降低企业总风险的是（　　）。

A. 增加产品销量　　　　　　　　B. 提高产品单价

C. 提高资产负债率　　　　　　　D. 节约固定成本支出

16. 公司采用协商价格作为内部转移价格时，协商价格的下限一般为（　　）。

  A. 完全成本加成   B. 市场价格

  C. 单位完全成本   D. 单位变动成本

17. 假设某企业只生产销售一种产品，单价为 50 元，边际贡献率为 40%，每年固定成本为 300 万元，预计来年产销量为 20 万件，则价格对利润影响的敏感系数为（　　）。

  A. 10   B. 8   C. 4   D. 40

18. 在下列股利政策中，股利与利润之间保持固定比例关系，体现风险投资与风险收益对等关系的是（　　）。

  A. 剩余股利政策   B. 固定股利政策

  C. 固定股利支付率政策   D. 低正常股利加额外股利政策

19. 某企业在选择股利政策时，以代理成本和外部融资成本之和最小化为标准。该企业所依据的股利理论是（　　）。

  A. "手中鸟" 理论   B. 信号传递理论

  C. MM 理论   D. 代理理论

20. 某公司目前持有普通股 100 万股（每股面值 1 元，市价 25 元），资本公积 400 万元，未分配利润 500 万元。如果公司发放 10% 的股票股利，并且以市价计算股票股利价格，则下列说法不正确的是（　　）。

  A. 未分配利润减少 250 万元   B. 股本增加 250 万元

  C. 股本增加 10 万元   D. 资本公积增加 240 万元

二、多项选择题（本类题共 10 小题，每小题 2 分，共 20 分。每小题备选答案中，有两个或两个以上符合题意的正确答案。请至少选择两个答案。全部选对得满分，少选得相应分值，多选、错选、不选均不得分）

1. 某公司计划投资一个项目，该项目前 3 年无现金流入，从第 4 年年初开始连续 5 年每年年初流入净现金 50 000 元，假设年利率为 8%，则下列计算该项目现值公式中，正确的有（　　）。

  A. $50\,000 \times (P/A, 8\%, 5) \times (P/F, 8\%, 3)$

  B. $50\,000 \times (P/A, 8\%, 5) \times (P/F, 8\%, 2)$

  C. $50\,000 \times [(P/A, 8\%, 8) - (P/F, 8\%, 3)]$

  D. $50\,000 \times [(P/A, 8\%, 7) - (P/F, 8\%, 2)]$

2. 下列关于资本资产定价模型的表述中，正确的有（　　）。

  A. 市场风险溢价提高，所有资产的必要收益率都提高

  B. 如果某项资产的 β 系数为 1，则该资产的必要收益率等于市场平均收益率

  C. 市场上所有资产的 β 系数不可能为负数

  D. 如果市场对风险的平均容忍程度越高，市场风险溢酬越小

3. 某公司 2024 年 1~3 月预计的销售收入分别为 220 万元、350 万元和 380 万元，

当月销售当月收现 70%，下月收现 20%，再下月收现 10%。则 2024 年 3 月 31 日资产负债表"应收账款"项目金额和 2024 年 3 月的销售现金流入分别为（　　）万元。

    A. 149　　　　　　　B. 358　　　　　　　C. 162　　　　　　　D. 390

4. 下列筹资方式中，可以降低财务风险的有（　　）。

    A. 银行借款筹资　　　　　　　　　　B. 留存收益筹资

    C. 普通股筹资　　　　　　　　　　　D. 租赁筹资

5. 对于政府出资产业投资基金的认定需要符合的条件包括（　　）。

    A. 省级人民政府批复设立，政府认缴出资比例不低于基金总规模的 10%

    B. 党中央、国务院批准设立的，政府认缴出资比例不低于基金总规模的 5%

    C. 基金投向符合投资政策

    D. 基金运作涉及新增地方政府隐性债务的比例不超过 10%

6. 不考虑其他因素，企业采用宽松的流动资产投资策略将导致（　　）。

    A. 较低的流动资产　　　　　　　　　B. 较低的偿债能力

    C. 较低的流动资产短缺成本　　　　　D. 较低的收益水平

7. 关于证券投资基金的特点，下列说法正确的有（　　）。

    A. 通过集合理财实现专业化管理

    B. 投资者利益共享且风险共担

    C. 通过组合投资实现分散风险的目的

    D. 基金操作权力与资金管理权力相互隔离

8. 关于企业应收账款保理，下列表述正确的有（　　）。

    A. 减轻企业应收账款的管理负担　　　B. 减少坏账损失、降低经营风险

    C. 具有融资功能　　　　　　　　　　D. 是资产证券化的一种形式

9. 原材料质量低劣，会造成（　　）向不利方面扩大。

    A. 直接材料成本的用量差异　　　　　B. 直接人工成本的效率差异

    C. 变动制造费用的效率差异　　　　　D. 固定制造费用的能量差异

10. 价格运用策略中，使用产品寿命周期定价策略，应采用低价策略的有（　　）。

    A. 推广期　　　　　B. 成长期　　　　　C. 成熟期　　　　　D. 衰退期

三、判断题（本类题共 10 小题，每小题 1 分，共 10 分。请判断每小题的表述是否正确。每小题答题正确的得 1 分，错答、不答均不得分，也不扣分）

1. 财务预算是从价值方面总括地反映企业经营预算和专门决策预算的结果，所以也将其称为总预算。　　　　　　　　　　　　　　　　　　　　　　　　　（　　）

2. 总资产周转率可用于衡量企业全部资产赚取收入的能力，故根据该指标可以全面评价企业的盈利能力。　　　　　　　　　　　　　　　　　　　　　　　（　　）

3. 如果银行在借款合同中规定了企业"不准贴现应收票据或出售应收账款"，这就属于一般性保护条款。　　　　　　　　　　　　　　　　　　　　　　　　（　　）

4. 在 AB 股制度下，A 类股票通常由创业团队持有，B 类股票通常由投资人和公众

股东持有。 （ ）

5. 某企业资产总额 50 万元，负债的年平均利率为 8%，权益乘数为 2，全年固定成本为 8 万元，年税后净利润为 7.5 万元，所得税税率为 25%，则该企业的总杠杆系数为 2。 （ ）

6. 考虑所得税影响时，投资项目采用加速折旧法计提折旧，计算出来的方案净现值比采用直线折旧法大。 （ ）

7. 企业持有产成品存货主要是为了防止意外事件的发生。 （ ）

8. 企业实行"收支两条线"管理模式的目的之一在于对企业范围内的现金进行集中管理，减少现金持有成本，加速资金周转，提高资金使用效率。 （ ）

9. 由于信息不对称和预期差异，投资者会把股票回购当作公司认为其股票价格被高估的信号。 （ ）

10. 营业现金比率是指企业货币资金和交易性金融资产之和与企业销售额的比值。其计算公式为：营业现金比率 =（货币资金 + 交易性金融资产）/ 销售收入。 （ ）

四、计算分析题（本类题共 3 小题，共 15 分。凡要求计算的，可不列出计算过程；计算结果出现两位以上小数的，均四舍五入保留小数点后两位小数，百分比指标保留百分号前两位小数。凡要求解释、分析、说明理由的，必须有相应的文字阐述）

1. 某公司 2024 年第 1～3 月实际销售额分别为 38 000 万元、36 000 万元和 41 000 万元，预计 4 月销售额为 40 000 万元。每月销售收入中有 70% 能于当月收现，20% 于次月收现，10% 于第 3 个月收现。假定该公司销售的产品在流通环节只需缴纳消费税，税率为 10%，并于当月以现金缴纳。该公司 3 月末现金余额为 80 万元，应付账款余额为 5 000 万元（需在 4 月付清），不存在其他应收应付款项。

4 月有关项目预计资料如下：材料采购 8 000 万元（当月付款 70%）；工资及其他支出 8 400 万元（用现金支付）；制造费用 8 000 万元（其中折旧费等非付现费用 4 000 万元）；营业费用和管理费用 1 000 万元（用现金支付）；预缴所得税 1 900 万元；购买设备 12 000 万元（用现金支付）。现金不足时，通过向银行借款解决。4 月末要求现金余额不低于 100 万元。

要求：根据上述资料，计算该公司 4 月份的下列指标。

（1）经营性现金流入。

（2）经营性现金流出。

（3）现金余缺。

（4）应向银行借款的最低金额。

（5）4 月末应收账款余额。

2. 甲公司是一家制造业企业，只生产和销售一种产品。产品生产工艺流程比较成熟，生产工人技术操作比较熟练，生产组织管理水平较高，公司实行标准成本制度，定期进行标准成本差异分析。甲公司生产能力为 6 000 件/月，2023 年 9 月实际生产 5 000 件。其他相关资料如下：

（1）实际消耗量如下表所示。

项目	直接材料	直接人工	变动制造费用	固定制造费用
实际使用量	24 000 千克	5 000 人工小时	8 000 机器小时	8 000 机器小时
实际单价	1.5 元/千克	20 元/小时	15 元/小时	10 元/小时

（2）标准成本资料如下表所示。

项目	用量标准	价格标准
直接材料	5 千克/件	1.6 元/千克
直接人工	1.2 人工小时/件	19 元/小时
变动制造费用	1.6 机器小时/件	12.5 元/小时
固定制造费用	1.5 机器小时/件	8 元/小时

要求：

（1）计算直接材料的价格差异、数量差异和成本差异。

（2）计算直接人工的工资率差异、效率差异和成本差异。

（3）计算变动制造费用的耗费差异、效率差异和成本差异。

（4）计算固定制造费用的耗费差异、产量差异、效率差异和成本差异。

3. 甲公司为控制杠杆水平，降低财务风险，争取在 2024 年末将资产负债率控制在 65% 以内。公司 2024 年末的资产总额为 4 000 万元，其中流动资产为 1 800 万元；公司 2024 年末的负债总额为 3 000 万元，其中流动负债为 1 200 万元。

要求：

（1）计算 2024 年末的流动比率和营运资金。

（2）计算 2024 年末的产权比率和权益乘数。

（3）计算 2024 年末的资产负债率，并据此判断公司是否实现了控制杠杆水平的目标。

五、综合题（本类题共 2 小题，共 25 分。凡要求计算的，可不列出计算过程；计算结果出现两位以上小数的，均四舍五入保留小数点后两位小数，百分比指标保留百分号前两位小数。凡要求解释、分析、说明理由的，必须有相应的文字阐述）

1. 甲公司是一家上市公司，正在考虑改变它的资本结构。相关资料如下：

（1）公司目前债务的账面价值为 6 000 万元，利息率为 5%，普通股为 5 000 万股，每股价格 12 元，所有者权益账面金额 60 000 万元（与市价相同）；每年的息税前利润为 8 000 万元。该公司适用的所得税税率为 25%。

（2）公司将保持现有的资产规模和资产息税前利润率，每年将全部税后净利分派给股东，因此预计未来增长率为 0。

（3）为了提高企业价值，该公司拟改变资本结构，借入新的债务并回购部分普通股。可供选择的资本结构调整方案有两个：

①借入新债务 6 000 万元，从而使债务总额达到 12 000 万元。预计总的债务利息率为 5.2%，由于债务比重提高，股票的 β 系数将在目前基础上提高 3%；

②借入新债务 12 000 万元，从而使债务总额达到 18 000 万元。预计总的债务利息率为 5.5%，由于债务比重提高，股票的 β 系数将在目前基础上提高 5%。

（4）当前资本市场上无风险利率为 3%，证券市场平均收益率为 8%。

（5）假设资本市场有效，债务的市场价值与账面价值相同，确定债务资本成本时不考虑筹资费用和货币时间价值。

要求：

（1）计算该公司目前的企业价值、普通股资本成本、股票的 β 系数、债务的税后资本成本和按市场价值权重计算的加权平均资本成本。

（2）计算采用第①种资本结构调整方案下该公司的普通股资本成本、债务的税后资本成本、权益资本价值、企业价值和按市场价值权重计算的加权平均资本成本。

（3）计算采用第②种资本结构调整方案下该公司的普通股资本成本、债务的税后资本成本、权益资本价值、企业价值和按市场价值权重计算的加权平均资本成本。

（4）判断企业是否应调整资本结构并说明依据，如果需要调整应选择哪一个方案？

2. 甲公司是一家机械制造企业，适用的企业所得税税率为 25%，该公司要求的最低收益率为 10%。为了节约成本支出，提升运营效率和盈利水平，拟对正在使用的一条旧流水线予以更新，假设甲公司采用直线法计提折旧，其他资料如下。

资料一：新、旧流水线数据资料如下表所示。

金额单位：万元

项目	使用旧流水线	购置新流水线
原值	22 500	24 000
预计使用年限（年）	10	10
已用年限（年）	4	0
尚可使用年限（年）	6	10
税法残值	2 500	3 000
最终报废残值	2 000	3 000
目前变现价值	9 500	24 000
年运行成本	10 000	7 500

资料二：相关货币时间价值系数如下表所示。

期限（n）	6	10
（P/F，10%，n）	0.5645	0.3855
（P/A，10%，n）	4.3553	6.1446

要求：

（1）计算与购置新流水线相关的下列指标：

①税后年运行成本；②每年折旧抵税；③残值变现相关现金流；④第 1～9 年现金净流量（$NCF_{1～9}$）和第 10 年现金净流量（NCF_{10}）；⑤年金成本。

（2）计算与使用旧流水线相关的下列指标：

①目前账面价值；②目前资产报废损益；③目前资产报废损益对所得税的影响；④最终残值报废损失抵税。

（3）已知使用旧流水线的相关流量的净现值为 −40 037.54 万元，通过计算作出固定资产是否更新的决策，并说明理由。

2024 年度中级会计资格
《财务管理》全真模拟试题（一）
答案速查、参考答案及解析

答案速查

一、单项选择题

1. D	2. D	3. A	4. D	5. A
6. D	7. B	8. C	9. D	10. B
11. C	12. A	13. C	14. C	15. B
16. A	17. C	18. D	19. A	20. C

二、多项选择题

1. ABD	2. BCD	3. BC	4. ACD	5. AD
6. BD	7. CD	8. BC	9. ABD	10. ABD

三、判断题

1. ×	2. ×	3. ×	4. √	5. √
6. ×	7. ×	8. √	9. √	10. ×

参考答案及解析

一、单项选择题

1.【答案】D

【解析】股东财富最大化是指企业财务管理以实现股东财富最大为目标。其缺点是更多强调的是股东的利益，而对其他利益相关者的利益重视不够。因此，选项 D 是错误的。

2.【答案】D

【解析】风险承担是指企业对所面临的风险采取接受的态度，从而承担风险带来的后果。对未能辨识出的风险，企业只能采用风险承担；对于辨识出的风险，企业可能由于缺乏能力进行主动管理、没有其他备选方案等因素而选择风险承担；对于企业面临的重大风险，企业一般不采用风险承担对策。

3.【答案】A

【解析】年利率为 6%，季度利率 = 6% / 4 = 1.5%，因为第二年初开始付款，也就是第四季度末开始付款，所以递延期为 3 期。递延年金现值 = $A \times (P/A, i, n) \times (P/F, i, m)$ = $100 \times (P/A, 1.5\%, 4) \times (P/F, 1.5\%, 3)$，选项 B 正确，选项 A 错误。也可以先将连续支付的部分看作是预付年金，求现值到第四季度末，然后再复利折现计算递延年金现值，则递延年金现值 = $100 \times (P/A, 1.5\%, 4) \times (1 + 1.5\%) \times (P/F, 1.5\%, 4)$，选项 C 正确。递延年金现值 = $A \times [(P/A, i, m+n) - (P/A, i, m)]$ = $100 \times [(P/A, 1.5\%, 7) - (P/A, 1.5\%, 3)]$，选项 D 正确。

4.【答案】D

【解析】定期预算方法与滚动预算方法相对应，所以选项 D 不正确。

5.【答案】A

【解析】第一季度采购量 = $1\,500 \times 5 + 7\,800 \times 10\% - 1\,000 = 7\,280$（千克）；

第一季度采购金额 = $7\,280 \times 12 = 87\,360$（元）；

第一季度材料现金支出金额 = $87\,360 \times 60\% + 20\,000 = 72\,416$（元）。

6.【答案】D

【解析】债务筹资的优点：（1）筹资速度较快；（2）筹资弹性较大；（3）资本成本负担较轻；（4）可以利用财务杠杆；（5）稳定公司的控制权。选项 D 属于股权筹资的优点。

7.【答案】B

【解析】赎回条款是对发行人有利，回售条款对债券持有人有利，选项 A 错误、选项 B 正确。发债公司在赎回债券之前，要向债券持有人发出赎回通知，要求他们在将债券转股与卖回给发债公司之间作出选择，选项 C 错误。公司股票价格在一段时期内连续低于转股价格达到某一幅度时可以采用回售条款。赎回一般发生在公司股票价格一段时期内连续高于转股价格达到某一幅度时，选项 D 错误。

8.【答案】C

【解析】投资项目 A 的资本成本的计算：

（1）将 B 公司 $\beta_{权益}$ 转换为 $\beta_{资产}$：

$\beta_{资产} = 0.9 \div [1 + (1 - 25\%) \times 1/1] = 0.51$。

（2）将 $\beta_{资产}$ 转换为项目 A 的 $\beta_{权益}$：

$\beta_{权益}$（项目 A）$= 0.51 \times [1 + (1 - 25\%) \times 0.3/0.7] = 0.67$。

（3）根据 $\beta_{权益}$ 计算项目 A 的股东权益成本：

股东权益成本 $= 6\% + 0.67 \times (11\% - 6\%) = 9.35\%$。

（4）计算项目 A 的资本成本：

项目 A 的资本成本 $= 6\% \times (1 - 25\%) \times 30/100 + 9.35\% \times 70/100 = 7.9\%$。

9.【答案】D

【解析】因为经营杠杆系数为 1.5，所以销售量增加 12%，息税前利润将增加 $12\% \times 1.5 = 18\%$，所以选项 A 正确；由于财务杠杆系数为 3/1.5 = 2，所以息税前利润增加 20%，每股利润将增加 $20\% \times 2 = 40\%$，所以选项 B 正确；由于总杠杆系数为 3，所以如果销售量增加 10%，每股收益将增加 $10\% \times 3 = 30\%$，所以选项 C 正确；由于总杠杆系数为 3，所以每股收益增加 30%，销售量增加 $30\% / 3 = 10\%$，因此选项 D 不正确，所以应选选项 D。

10.【答案】B

【解析】产品市场稳定的成熟产业经营风险低，因此可提高债务资本比重，发挥财务杠杆作用。高新技术企业产品、技术、市场尚不成熟，经营风险高，因此可降低债务资本比重，控制财务杠杆风险，因此，选项 B 是正确答案。企业产销业务稳定，意味着经营风险小，因此，企业可以较多地负担固定财务费用，即应该提高债务资本比重；企业发展成熟阶段，产品产销业务量稳定和持续增长，经营风险低，可适度增加债务资本比重，发挥财务杠杆效应。

11.【答案】C

【解析】每股收益分析法和平均资本成本比较法都是从账面价值的角度进行资本结构优化分析，没有考虑市场反应，亦即没有考虑风险因素。公司价值分析法，是在考虑市场风险的基础上，以公司市场价值为标准，进行资本结构优化。

12.【答案】A

【解析】放弃现金折扣的信用成本率 $= 2\% / (1 - 2\%) \times 360 / (70 - 20) = 14.69\%$。

13.【答案】C

【解析】根据"税后营业利润 =（营业收入 - 付现成本 - 非付现成本）$\times$（1 - 所得税税率）"得出：$(60 - 20 - 非付现成本) \times (1 - 25\%) = 15$，由此得出：非付现成本 = 20 万元；年营业现金净流量 = 税后营业利润 + 非付现成本 $= 15 + 20 = 35$（万元）。

14.【答案】C

【解析】$1\,000 \times 10\% \times (P/A, R, 5) + 1\,000 \times (P/F, R, 5) = 1\,050$。

当 R = 8% 时，1 000 × 10% × (P/A, 8%, 5) + 1 000 × (P/F, 8%, 5) = 1 079.87。

当 R = 9% 时，1 000 × 10% × (P/A, 9%, 5) + 1 000 × (P/F, 9%, 5) = 1 038.87。

内插法：(R − 8%)/(9% − 8%) = (1 050 − 1 079.87)/(1 038.87 − 1 079.87)。

等式两边同时乘以 (9% − 8%)，则：

R − 8% = (1 050 − 1 079.87) × (9% − 8%)/(1 038.87 − 1 079.87)。

R = 8% + (1 050 − 1 079.87) × (9% − 8%)/(1 038.87 − 1 079.87)。

R = 8.73%。

【提示】本题不需要用内插法计算，直接根据给出的现值系数就可以知道答案介于 8% 和 9% 之间，答案为选项 C。

15. 【答案】B

【解析】甲股票股利收益率 = D_1/P_0 = 0.75 × (1 + 6%)/15 = 5.3%，乙股票股利收益率 = 0.55 × (1 + 8%)/18 = 3.3%，选项 A 错误。甲股票内部收益率 = 5.3% + 6% = 11.3%，乙股票内部收益率 = 3.3% + 8% = 11.3%，选项 B 正确，选项 D 错误。对于固定成长股资本利得收益率等于股利增长率，所以选项 C 错误。

16. 【答案】A

【解析】单位产品价格 = (400 000 + 360 000)/[80 000 × (1 − 5%)] = 10（元）。

17. 【答案】C

【解析】现金股利税负较高，出于避税考虑要少分股利；盈余波动大，需要留有余地，也要减少股利发放；固定资产在全部资产中所占比重较大，意味着资产流动性差，需要减少股利发放。

18. 【答案】D

【解析】速动比率是用速动资产除以流动负债，在速动资产中，应收账款的变现能力具有一定的不确定性，所以应收账款的变现能力是影响速动比率可信性的最主要因素。

19. 【答案】A

【解析】本题考查发展能力分析。本期应收账款周转率 = 本期营业收入/[(期初应收账款 + 期末应收账款)/2]，即：8 = 本期营业收入/[(120 + 180)/2]，本期营业收入 = 1 200 万元，本期的营业收入增长率 = (1 200 − 1 000)/1 000 = 20%，选项 A 正确。

20. 【答案】C

【解析】权益乘数越高，表明负债比重越高，企业长期偿债能力越弱，债权人权益保障程度越低，所以选项 B、D 不正确；权益乘数高，是高风险、高收益的财务结构，财务杠杆效应强，所以选项 C 正确，选项 A 不正确。

二、多项选择题

1. 【答案】ABD

【解析】在通货膨胀初期，为了减轻通货膨胀对企业造成的不利影响，企业应当采取的防范措施包括：(1) 进行投资可以避免风险，实现资本保值；(2) 与客户应签订长期购货合同，以减少物价上涨造成的损失；（3）取得长期负债，保持资本成本的稳定。在通货膨胀持续期，为了减轻通货膨胀对企业造成的不利影响，企业应当采取的防范措施包括：（1）采用比较严格的信用条件，减少企业债权；（2）调整财务政策，防止和减少企业资本流失。

2.【答案】BCD

【解析】最初的 MM 理论认为，不考虑企业所得税，有无负债不改变企业的价值。因此企业价值不受资本结构的影响；修正的 MM 理论认为，因为负债利息可以带来避税利益，企业价值会随着资产负债率的增加而增加；权衡理论通过放宽 MM 理论完全信息以外的各种假定，考虑在税收、财务困境成本存在的前提下，资本结构如何影响企业市场价值；代理理论认为企业资本结构会影响经理人员的工作水平和其他行为选择，从而影响企业未来现金收入和企业市场价值。

3.【答案】BC

【解析】平均资本成本比较法侧重于从资本投入的角度对筹资方案和资本结构进行优化分析，选项 A 错误；公司价值分析法是在考虑市场风险的基础上，以公司市场价值为标准，进行资本结构优化。即能够提升公司价值的资本结构，则是合理的资本结构。这种方法主要用于对现有资本结构进行调整，适用于资本规模较大的上市公司资本结构优化分析，选项 B、C 正确；根据每股收益无差别点，可以分析判断在什么样的息税前利润水平下适于采用何种资本结构，选项 D 错误。

4.【答案】ACD

【解析】项目投资管理的特点：属于企业战略决策；属于企业的非程序化管理；投资价值的波动性大。

5.【答案】AD

【解析】股票分割仅引起股票股数增加，股东权益总额不变，即资本结构不变，股本不变，而股票股利会引起股票股数增加，股本增加，但股东权益总额不变，即资本结构不变，所以选项 A、D 正确。

6.【答案】BD

【解析】确定存货保险储备量时，需要考虑缺货成本，以及保险储备的变动储存成本。单位存货的购置成本、年固定储存成本都是与该决策不相关的成本，选项 B、D 正确。

7.【答案】CD

【解析】盈亏平衡点的销售量＝固定成本/（单价－单位变动成本），盈亏平衡点的销售量不变，但由于单价上升，所以盈亏平衡点的销售额增加，所以选项 A 不正确，选项 D 正确；单位边际贡献＝单价－单位变动成本，因单价与单位变动成本同时提高 2 元，单位边际贡献不变，所以选项 B 不正确；正常销量和盈亏平衡点的销量不变，安全边际量也不变，但因为单价提高，所以安全边际额提高，所以选项 C 正确。

8.【答案】BC

【解析】代理理论认为，股利政策有助于减缓管理者与股东之间的代理冲突，即股利政策是协调股东与管理者之间代理关系的一种约束机制，所以选项 B 正确。高水平的股利政策降低了企业的代理成本，但同时也增加了外部融资成本，理想的股利政策应当使两者成本之和最小，所以选项 C 正确。本题中的选项 A 是信号传递理论的观点，选项 D 是"手中鸟"理论的观点。

9.【答案】ABD

【解析】选项 C 是反映短期偿债能力的指标。

10.【答案】ABD

【解析】稀释性潜在普通股指假设当期转换为普通股会减少每股收益的潜在普通股。潜在普通股主要包括：可转换公司债券、认股权证和股份期权等。

三、判断题

1.【答案】×

【解析】个人独资企业由一个自然人投资，是非法人企业，不具有法人资格。因此，本题说法是错误的。

2.【答案】×

【解析】工业工程法通常适用于投入成本与产出数量之间有规律性联系的成本分解，可以在没有历史成本数据的情况下使用。

3.【答案】×

【解析】在利润表预算的编制中，"销售成本"项目的数据来自产品成本预算。

4.【答案】√

【解析】平均资本成本比较法，是通过计算和比较各种可能的筹资组合方案的平均资本成本，选择平均资本成本率最低的方案，即能够降低平均资本成本的资本结构，就是合理的资本结构。

5.【答案】√

【解析】营运资金是指流动资产减去流动负债后的余额，即投放在流动资产上的长期资金的金额。

6.【答案】×

【解析】两项资产之间的正相关程度越低，其投资组合可分散投资风险的效果就越大。

7.【答案】×

【解析】变动制造费用成本差异是指实际变动制造费用与实际产量下标准变动制造费用之间的差额。

8.【答案】√

【解析】股利无关理论认为，在一定的假设条件限制下，股利政策不会对公司的价值或股票的价格产生任何影响，投资者不关心公司股利的分配。公司市场价值的高低，是由公司所选择的投资决策的获利能力和风险组合所决定，而与公司的利润分配政策无关。

9. 【答案】√

【解析】纳税筹划的外在表现是降低税负和延期纳税。因此，本题说法是正确的。

10. 【答案】×

【解析】净收益营运指数越小，非经营收益所占比重越大，收益质量越差。所以，本题的说法是错误的。

四、计算分析题

1. 【答案】

（1）边际贡献变动额 = 180 000 × 12% × (10 − 6) = 86 400（元）

（2）现金折扣成本变动额 = 180 000 × (1 + 12%) × 10 × 2% × 50% = 20 160（元）

（3）平均收现期 = 10 × 50% + 30 × 40% + (30 + 20) × 10% = 22（天）

应收账款占用资金的应计利息变动额 = 180 000 × (1 + 12%) × 10/360 × 22 × 6/10 × 15% = 11 088（元）

（4）收账费用的变动额 = 180 000 × (1 + 12%) × 10 × 10% × 3% = 6 048（元）

（5）改变信用政策引起的税前损益变化 = 86 400 − 20 160 − 11 088 − 6 048 = 49 104（元）

税前损益变化大于 0，因此改变信用政策是可行的。

2. 【答案】

（1）甲产品的销售比重 = 2 × 50 000/(2 × 50 000 + 10 × 30 000) = 25%

乙产品的销售比重 = 1 − 25% = 75%

加权平均边际贡献率 = 25% × 20% + 75% × 10% = 12.5%

综合盈亏平衡点的销售额 = 45 000/12.5% = 360 000（元）

甲产品盈亏平衡点的销售量 = 360 000 × 25%/2 = 45 000（件）

乙产品盈亏平衡点的销售量 = 360 000 × 75%/10 = 27 000（件）

甲、乙两种产品销售额合计 = 50 000 × 2 + 30 000 × 10 = 400 000（元）

综合安全边际额 = 400 000 − 360 000 = 40 000（元）

利润 = 400 000 × 12.5% − 45 000 = 5 000（元）

（2）甲产品的销售比重 = 2 × 60 000/(2 × 60 000 + 10 × 28 000) = 30%

乙产品的销售比重 = 1 − 30% = 70%

加权平均边际贡献率 = 30% × 20% + 70% × 10% = 13%

综合盈亏平衡点的销售额 = (45 000 + 2 450)/13% = 365 000（元）

甲、乙两种产品销售额合计 = 2 × 60 000 + 10 × 28 000 = 400 000（元）

利润 = 400 000 × 13% − (45 000 + 2 450) = 4 550（元）

由于增加广告费后的利润小于原来的利润，所以采取这一广告措施不合理。

3. 【答案】

（1）2024 年投资方案所需的自有资金额 = 700 × 60% = 420（万元）

2024 年投资方案需从外部借入的资金额 = 700 × 40% = 280（万元）

（2）2023 年度应分配的现金股利 = 净利润 − 2024 年投资方案所需的自有资金额

$$= 900 - 420 = 480 （万元）$$

（3）2023 年度应分配的现金股利 = 上年分配的现金股利 = 550 万元

可用于 2024 年投资的留存收益 = 900 − 550 = 350 （万元）

2024 年投资需要额外筹集的资金额 = 700 − 350 = 350 （万元）

（4）该公司的股利支付率 = 550/1 000 × 100% = 55%

2023 年度应分配的现金股利 = 55% × 900 = 495 （万元）

（5）因为公司只能从内部筹资，所以 2024 年的投资需要从 2023 年的净利润中留存 700 万元，所以 2023 年度应分配的现金股利 = 900 − 700 = 200 （万元）。

五、综合题

1. 【答案】

（1）①销售收回的现金 = 12 月收入的 60% + 11 月收入的 38%

$$= 220 × 60\% + 200 × 38\% = 132 + 76 = 208 （万元）$$

②进货支付的现金 = 11 月的采购金额 = 11 月销售商品的 20% + 12 月销售商品的 80%

$$= （200 × 75\%）× 20\% + （220 × 75\%）× 80\% = 162 （万元）$$

③假设本月新借入的银行借款为 W 万元，则：

期末现金余额 = 22 （期初余额） + 208 − 162 − 60 （购置固定资产） − 26.5 （折旧外的管理费用） − 120 × （1 + 10%）（本利和） + W ≥ 5

现金期末余额 = − 150.5 + W ≥ 5

解得：W ≥ 155.5 万元。

由于借款金额是 1 万元的整数倍，因此本月新借入的银行借款为 156 万元。

（2）①现金期末余额 = 5 + 0.5 = 5.5 （万元）

②应收账款期末余额 = 12 月收入的 38% = 220 × 38% = 83.6 （万元）

③应付账款期末余额 = 12 月的采购金额

$$= 12 月销售商品的 20\% + 2025 年 1 月销售商品的 80\%$$

$$= （220 × 75\%）× 20\% + （230 × 75\%）× 80\% = 171 （万元）$$

④12 月进货成本 = 12 月的采购金额 = 171 万元

12 月销货成本 = 220 × 75% = 165 （万元）

存货期末余额 = 132 （期初存货） + 171 − 165 = 138 （万元）

（3）税前利润 = 220 − 220 × 75% − （216/12 + 26.5）（折旧和其他管理费用） − 220 × 2%（坏账损失） − （120 + 156） × 10%/12（借款利息） = 3.8 （万元）

2. 【答案】

（1）2024 年财务杠杆系数 = 2023 年的息税前利润/（2023 年的息税前利润 − 2023 年的利息费用） = 5 000/（5 000 − 24 000 × 5%） = 1.32

（2）设甲、乙两个方案的每股收益无差别点息税前利润为 EBIT，增资前利息 = 24 000 × 5% = 1 200 （万元）。则：

（EBIT－1 800）×（1－25%）/10 000＝（EBIT－1 200）×（1－25%）/（10 000＋2 000）

解得：EBIT＝（12 000×1 800－10 000×1 200）/（12 000－10 000）＝4 800（万元）

（3）由于筹资后的息税前利润为 6 000（5 000＋1 000）万元，高于每股收益无差别点息税前利润 4 800 万元，所以应该选择甲方案。

（4）A＝1 800 万元，B＝0.30 元。

A＝24 000×5%＋10 000×6%＝1 800（万元）；B＝3 600/（10 000＋2 000）＝0.30（元）。

2024 年度中级会计资格
《财务管理》全真模拟试题（二）
答案速查、参考答案及解析

答案速查

一、单项选择题

1. A	2. D	3. D	4. B	5. C
6. B	7. B	8. A	9. C	10. D
11. A	12. D	13. C	14. D	15. B
16. B	17. B	18. D	19. D	20. C

二、多项选择题

1. BCD	2. AB	3. BC	4. ACD	5. ABC
6. ACD	7. ABCD	8. ABC	9. BD	10. AD

三、判断题

1. ×	2. ×	3. ×	4. √	5. ×
6. ×	7. ×	8. ×	9. ×	10. ×

参考答案及解析

一、单项选择题

1.【答案】 A

【解析】 集权与分权相结合型财务管理体制下，集中的权利应包括制度制定权；筹资、融资权；投资权；用资、担保权；固定资产购置权；财务机构设置权；收益分配权。分散的权利应包括经营自主权；人员管理权；业务定价权；费用开支审批权。

2.【答案】 D

【解析】 由于利润指标通常按年计算，企业决策也往往会服务于年度指标的完成或实现，所以利润最大化的缺点之一是可能会导致企业的短期财务决策倾向，影响企业长远发展。

3.【答案】 D

【解析】 本题考查的知识点是一年多次计息的实际利率。一年多次计息时，给出的年利率为名义利率，按照复利计算的年利息与本金的比值为实际利率。公式表达式为：$i = (1 + r/m)^m - 1$，其中 i 表示实际利率，r 表示名义利率，m 表示每年复利计息的次数。根据题目中的已知数据，得知 $i = (1 + 12\%/4)^4 - 1$，实际利率 $i = 12.55\%$，因此，正确选项是 D。

4.【答案】 B

【解析】 当两项资产之间的相关系数为 0 时，表明两项资产收益率之间无关。其投资组合可分散的投资风险的效果比正相关时的效果要大，比负相关时的效果要小。

5.【答案】 C

【解析】 7 月初材料存量 = 600 × 15% = 90（吨），7 月末材料存量 = 700 × 15% = 105（吨），7 月预计材料采购量 = 600 + 105 − 90 = 615（吨），选项 C 正确。

6.【答案】 B

【解析】 支付性筹资动机，是指为了满足经营业务活动的正常波动所形成的支付需要而产生的筹资动机。在企业开展经营活动过程中，经常会出现超出维持正常经营活动资金需求的季节性、临时性的交易支付需要，如原材料购买的大额支付、员工工资的集中发放、银行借款的偿还、股东股利的发放等，因此本题选项 B 正确。

7.【答案】 B

【解析】 利用商业信用发行债券属于债务融资方式，吸收直接投资属于外部权益筹资，利用留存收益属于内部权益筹资。

8.【答案】 A

【解析】 根据优序融资理论，企业的筹资优序模式首先是内部筹资，其次是银行借款、发行债券、可转换债券，最后是发行新股筹资。

9. 【答案】C

【解析】DFL＝基期息税前利润/基期利润总额＝2 000/（2 000－400）＝1.25。

10. 【答案】D

【解析】间接投资，是将资金投放于股票、债券等权益性资产上的企业投资。

11. 【答案】A

【解析】现金比率是短期偿债能力分析指标，最能反映企业直接偿付流动负债的能力。

12. 【答案】D

【解析】应收账款周转率＝6 000/［（300＋500）/2］＝15（次），应收账款周转天数＝360/15＝24（天）。

13. 【答案】C

【解析】单位变动成本＝5＋1＝6（元）；变动成本率＝单位变动成本/单价；单价＝6/40%＝15（元）；销售量＝84 000/（5＋1）＝14 000（件）；（15－6）×14 000－固定成本＝18 000（元）；所以固定成本＝108 000 元；盈亏平衡点的销售量＝108 000/（15－6）＝12 000（件）。

14. 【答案】D

【解析】产量级作业是指明确地为个别产品（或服务）实施的、使单个产品（或服务）受益的作业。该类作业的数量与产品（或服务）的数量呈正比例变动。包括产品加工、检验等。选项 A 属于批别级作业。选项 B、C 属于品种级作业。

15. 【答案】B

【解析】本题考查直接材料成本差异分析。直接材料的实际用量偏离标准用量时，会形成直接材料的耗用量差异，产品废品率的高低、产品设计结构的变化以及工人的技术熟练程度，均会影响直接材料的实际用量，选项 A、C、D 不当选。直接材料运输方式的不同，不会影响生产中的耗用量，但会影响材料的成本，属于直接材料价格差异的形成原因，选项 B 当选。

16. 【答案】B

【解析】算术平均法适用于每期销售量波动不大（不是波动较大）的产品的销售预测，而移动平均法则适用于销售量略有波动的产品预测，选项 A 不正确；移动平均法只选用了 n 期数据中的最后 m 期作为计算依据，代表性较差，选项 B 正确；加权平均法的权数选取应遵循"近大远小"的原则，选项 C 不正确；采用指数平滑法时，在销售量波动较小或进行长期预测时，可选择较小的平滑指数，选项 D 不正确。

17. 【答案】B

【解析】关于企业定价目标的正确表述是：（1）实现利润最大化，适用于在市场中处于领先或垄断地位的企业，或者在行业竞争中具有很强的竞争优势，并能长时间保持这种优势的企业。（2）保持或提高市场占有率，这种定价目标要求企业具有潜在的生产经营能力，总成本的增长速度低于总销量的增长速度，商品的需求价格弹性较大。即适用于能够薄利多销的企业。（3）稳定价格，这种定价通常适用于产品标准化的行业。（4）应付和避免竞争，这种定价方法主要适用于中小型企业。（5）树立企业形象及产品品牌。

18.【答案】D

【解析】总资产净利率＝净利润÷平均总资产，选项 A、C 都是资产内部的此增彼减；选项 B 引起所有者权益内部此增彼减；只有选项 D 会使得银行存款增加，所有者权益增加，从而使得总资产增加，总资产净利率下降。

19.【答案】D

【解析】本题主要考查速动比率。企业目前的速动比率大于 1，根据公式，速动比率＝速动资产/流动负债，以银行存款偿还长期借款，速动资产与长期负债同时减少，流动负债不变，速动比率降低，选项 A 错误。以银行存款购买原材料，速动资产减少，非速动资产增加，流动负债不变，速动比率降低，选项 B 错误。收回应收账款，银行存款增加，应收账款减少，速动比率不变，选项 C 错误。以银行存款偿还短期借款，速动资产减少，流动负债减少，速动比率提高，选项 D 正确。

20.【答案】C

【解析】普通股数＝500/（4－2）＝250（万股）；所有者权益＝250×30＝7 500（万元）；资产负债率＝5 000/（5 000＋7 500）×100%＝5 000/12 500×100%＝40%。

二、多项选择题

1.【答案】BCD

【解析】相关者利益最大化目标的内容之一是强调股东的首要地位，并强调企业与股东之间的协调关系，选项 A 的说法不正确；相关者利益最大化目标注重企业在发展过程中考虑并满足各利益相关者的利益关系。在追求长期稳定发展的过程中，站在企业的角度上进行投资研究，所以，以相关者利益最大化为财务管理目标有利于企业长期稳定发展，即选项 B 的说法正确；由于不同的利益相关者有各自的评价指标，有些指标考虑了未来（如未来企业报酬贴现值），体现了前瞻性，而有些指标仅仅考虑的是现实（如股票市价），体现了现实性。所以，以相关者利益最大化为财务管理目标体现了前瞻性和现实性的统一，即选项 C 的说法正确；由于以相关者利益最大化为财务管理目标，企业在寻求其自身的发展和利益最大化过程中，需维护客户及其他利益相关者的利益，因此，体现了合作共赢的价值理念，即选项 D 的说法正确。

2.【答案】AB

【解析】投资组合的预期收益率＝10%×40%＋8%×60%＝8.8%，投资组合的 β 系数＝1.2×40%＋0.8×60%＝0.96。因为题中没有给出相关系数，所以无法计算投资组合标准差，进而也不能计算标准差率。

3.【答案】BC

【解析】留存收益筹资和普通股筹资属于股权筹资，股权筹资可以降低财务风险；银行借款筹资和融资租赁筹资属于债务筹资，会提高财务风险。

4.【答案】ACD

【解析】股票上市交易便于确定公司价值。股票上市后，公司股价有市价可循，便于确定公司的价值。对于上市公司来说，即时的股票交易行情，就是对公司价值的市场评价。同时，市场行情也能够为公司收购兼并等资本运作提供询价基础。因此，选项 B 的表述不正确。但股票上市也有对公司不利影响的一面，主要有：上市成本较高，手续复杂严格；公司将负担较高的信息披露成本；信息公开的要求可能会暴露公司商业机密；股价有时会歪曲公司的实际情况，影响公司声誉；可能会分散公司的控制权，造成管理上的困难。因此选项 A、C、D 正确。

5. 【答案】ABC

【解析】本题注意同向变化、反向变化与正比、反比的区别。固定成长股票价值 = 预计下年股利/（必要报酬率 - 股利增长率），可见预期股利和股利增长率越大，股票价值越大；必要报酬率越大，股票价值越小。因此，选项 A、B、C 正确。

6. 【答案】ACD

【解析】经济订货批量 = $\sqrt{2 \times 50 \times 90\,000/1}$ = 3 000（千克），选项 D 正确。经济订货量平均占用资金 = 3 000/2 × 30 = 45 000（元），选项 B 错误。每年最佳订货次数 = 90 000/3 000 = 30（次），最佳订货周期 = 360/30 = 12（天），选项 C 正确。变动订货成本 = 50 × 30 = 1 500（元），选项 A 正确。

7. 【答案】ABCD

【解析】本题考查盈亏平衡分析。综合盈亏平衡点销售额 = 固定成本总额/综合边际贡献率，综合边际贡献率等于各种产品边际贡献率的加权平均，边际贡献率 =（单价 - 单位变动成本）/单价。所以，固定成本总额、单价、单位变动成本都会影响综合盈亏平衡点的大小，选项 A、C、D 正确。另外，综合边际贡献率计算中要用到的权数受到销售结构的影响，选项 B 正确。

8. 【答案】ABC

【解析】利润 =（单价 - 单位变动成本）× 销量 - 固定成本 =（8.5 - 5）× 1 100 - 2 800 = 1 050（元），选项 D 不符合题意。

9. 【答案】BD

【解析】股票股利和股票分割都可以向投资者传递公司未来将有较快发展的良好信息。

10. 【答案】AD

【解析】营运资本需求等于增加的流动资产与增加的流动负债的差额，加速应收账款周转会减少应收账款，减少营运资本需求；加速存货周转会减少存货，减少营运资本需求；加速应付账款的偿还，会减少应付账款，增加营运资本需求；加速固定资产周转，会减少固定资产，不影响营运资本需求。所以选项 A、D 正确。

三、判断题

1. 【答案】×

【解析】直接转移是需要资金的企业或其他资金不足者直接将股票或债券出售给资金剩余者。

2.【答案】×

【解析】混合滚动是指在预算编制过程中，对预算的头三个月（即第一季度）逐月编制详细预算，其余月份（即后三个季度）分别按季度编制粗略预算。

3.【答案】×

【解析】由于租金分期支付，而且还可以通过项目本身产生的收益来支付，所以财务风险较低，财务优势明显，但高额的固定租金也给各期的经营带来了高负担，资本成本较高。

4.【答案】√

【解析】代理理论认为，债权筹资有很强的激励作用，并将债务视为一种担保机制。这种机制能够促使经理多努力工作，减少个人享受，并且作出更好的投资决策，从而降低由于两权分离而产生的代理成本。但是，负债筹资可能导致另一种代理成本，即企业接受债权人监督而产生的成本。均衡的企业所有权结构是由股权代理成本和债务代理成本之间的平衡关系来决定的。

5.【答案】×

【解析】所谓最佳资本结构，是指在一定条件下使企业资本成本率最低、企业价值最大的资本结构。

6.【答案】×

【解析】这部分在生产过程中游离出来的资金属于暂时闲置资金，将其进行短期债券投资，符合利用闲置资金、增加企业收益的目的。

7.【答案】×

【解析】成本中心应用最为广泛，只要对成本的发生负有责任的单位或个人都可以成为成本中心。

8.【答案】×

【解析】变动制造费用成本差异指的是实际变动制造费用与实际产量下的标准变动制造费用之间的差额。

9.【答案】×

【解析】在除息日前，股利权从属于股票，从除息日开始，股利权与股票相分离。

10.【答案】×

【解析】市盈率是股票市场上反映股票投资价值的重要指标，该比率的高低反映了市场上投资者对股票投资收益和投资风险的预期。一方面，市盈率越高，意味着投资者对股票的收益预期越看好，投资价值越大；反之，投资者对该股票评价越低。另一方面，市盈率越高，也说明获得一定的预期利润投资者需要支付更高的价格，因此投资于该股票的风险也越大；市盈率越低，说明投资于该股票的风险越小。

四、计算分析题

1.【答案】

（1）外购零件：

①经济订货批量 $= \sqrt{\dfrac{2 \times 10 \times 3\,600}{4 \times 20\%}} = 300$（件）

②与经济订货批量相关的总成本 $= \sqrt{2 \times 10 \times 3\,600 \times 4 \times 20\%} = 240$（元）

③每日平均需求量 $= 3\,600/360 = 10$（件）

再订货点 $= 3 \times 10 + 2 \times 10 = 50$（件）

（2）自制零件：

①经济生产批量 $= \sqrt{\dfrac{2 \times 600 \times 3\,600}{3 \times 20\% \times (1 - 10/50)}} = 3\,000$（件）

②与经济生产批量相关的总成本 $= \sqrt{2 \times 600 \times 3\,600 \times 3 \times 20\% \times (1 - 10/50)} = 1\,440$（元）

（3）外购总成本 $= 3\,600 \times 4 + 240 = 14\,640$（元）

自制总成本 $= 3\,600 \times 3 + 1\,440 = 12\,240$（元）

由于自制的总成本（12 240 元）低于外购的总成本（14 640 元），故应选择自制。

2.【答案】

（1）原政策应收账款机会成本 $= 3\,000/360 \times 30 \times 50\% \times 10\% = 12.5$（万元）

公司采用新信用政策应收账款机会成本 $= 3\,600/360 \times 36 \times 50\% \times 10\% = 18$（万元），则增加应收账款机会成本 $= 18 - 12.5 = 5.5$（万元）

（2）公司采用新信用政策而增加的坏账损失 $= 3\,600 \times 0.3\% - 3\,000 \times 0.2\% = 4.8$（万元），公司采用新信用政策而增加的现金折扣成本 $= 3\,600 \times 0.5\% = 18$（万元）

（3）公司采用新信用政策而增加的边际贡献 $= (3\,600 - 3\,000) \times (1 - 50\%) = 300$（万元）

（4）新信用政策增加的损益 $= 300 - 5.5 - 4.8 - 18 = 271.7$（万元），因为新信用政策增加的损益大于 0，所以改变信用政策合理。

3.【答案】

立即付款的现金折扣率 $= (10\,000 - 9\,630)/10\,000 = 3.7\%$

第 20 天付款现金折扣率 $= (10\,000 - 9\,750)/10\,000 = 2.5\%$

第 40 天付款现金折扣率 $= (10\,000 - 9\,870)/10\,000 = 1.3\%$

立即付款的放弃现金折扣的成本 $= [3.7\%/(1 - 3.7\%)] \times [360/(60 - 0)] = 23.05\%$

第 20 天付款放弃现金折扣的成本 $= [2.5\%/(1 - 2.5\%)] \times [360/(60 - 20)] = 23.08\%$

第 40 天付款放弃现金折扣的成本 $= [1.3\%/(1 - 1.3\%)] \times [360/(60 - 40)] =$

23. 71%

因为放弃现金折扣的成本大于银行短期贷款的利率，所以应选择享受折扣，并且应选择折扣收益最大的方案，所以应选择第 40 天付款，付款价格为 9 870 元。

由于各种方案放弃折扣的信用成本率均高于借款利息率，因此初步结论是要取得现金折扣，应借入银行借款以偿还货款。

立即付款方案，得折扣 370 元，用资 9 630 元，借款 60 天，利息 369. 15 元（9 630 × 23% × 60/360），净收益 0. 85 元（370 − 369. 15）；

20 天付款方案，得折扣 250 元，用资 9 750 元，借款 40 天，利息 249. 17 元（9 750 × 23% × 40/360），净收益 0. 83 元（250 − 249. 17）；

40 天付款方案，得折扣 130 元，用资 9 870 元，借款 20 天，利息 126. 12 元（9 870 × 23% × 20/360），净收益 3. 88 元（130 − 126. 12）；

总结论：第 40 天付款是最佳方案，其净收益最大。

五、综合题

1. 【答案】

（1）10 月丙产品的预计生产量 = 2 300 + 2 600 × 10% − 200 = 2 360（件）。

（2）丙产品的单位直接材料标准成本 = 6 × 5 + 10 × 3 + 5 × 8 = 100（元/件）。

（3）10 月的直接人工预算金额 = 2 360 × 5 × 25 = 295 000（元）。

（4）①直接人工成本差异 = 235 000 − 2 500 × 5 × 25 = − 77 500（元）；

②直接人工效率差异 =（12 000 − 2 500 × 5）× 25 = − 12 500（元）；

③直接人工工资率差异 = [（235 000/12 000）− 25] × 12 000 = − 65 000（元）。

（5）10 月制造费用预算总额 = 2 360 × 30 + 37 760 = 108 560（元）。

（6）丙产品的单位标准成本 = 100 + 5 × 25 + 30 +（37 760/2 360）= 271（元）。

（7）11 月的预计现金收入 = 2 600 × 350 × 30% + 2 300 × 350 × 70% = 836 500（元）。

（8）11 月的预计现金余缺 = 80 600 + 836 500 − 900 000 = 17 100（元）。

需要筹集资金 = 80 000 − 17 100 = 62 900（元），因为借款必须是 1 000 元的倍数，因此需要向银行借款 63 000 元。

2. 【答案】

资金预算　　　　　　　　　　　　　　　　　　　　　　　　单位：万元

项目	第一季度	第二季度	第三季度	第四季度	合计
期初现金余额	15	19	10. 3	12. 6	15
现金收入：					
本期销售本期收款（当季收入的 2/3）	500	1 200	500	500	
上期销售本期收款（上季收入的 1/3）	250	250	600	250	
现金收入合计	750	1 450	1 100	750	4 050

续表

项目	第一季度	第二季度	第三季度	第四季度	合计
现金支出：					
直接材料	912/2＝456	456			
直接人工		880			
制造费用	150	850	150	150	
销售与管理费用	100	100	100	100	
所得税费用	40	40	40	40	
购买设备支出			200	200	
现金支出合计	746	2 326	490	490	4 052
现金余缺	19	−857	620.3	272.6	
向银行借款		885			
归还银行借款			590	255	
支付借款利息		17.7	17.7	5.9	
期末现金余额	19	10.3	12.6	11.7	

说明：

（1）假设第二季度借款金额为 A，则有：$-857 + A - A \times 2\% > 10$。

解得：$A > 884.69$ 万元。

因为 A 必须是 5 万元的整数倍，所以 A ＝ 885 万元，即第二季度向银行借款 885 万元。

第二季度支付借款利息 ＝ $885 \times 2\% = 17.70$（万元）

第二季度期末现金余额 ＝ $-857 + 885 - 17.7 = 10.30$（万元）

（2）假设第三季度还款金额为 B，则：$620.3 - B - 17.7 > 10$

解得：$B < 592.6$ 万元。

由于 B 必须是 5 万元的整数倍，B ＝ 590 万元，所以第三季度归还银行借款 590 万元。

第三季度支付借款利息 ＝ $885 \times 2\% = 17.70$（万元）

第三季度期末现金余额 ＝ $620.3 - 590 - 17.7 = 12.60$（万元）

（3）第四季度支付借款利息 ＝ $(885 - 590) \times 2\% = 5.9$（万元）

假设第四季度还款为 C，则：$272.6 - C - 5.9 > 10$。

解得：$C < 256.7$ 万元。

由于 C 必须是 5 万元的整数倍，所以 C ＝ 255 万元，所以第四季度归还银行借款 255 万元。

第四季度支付借款利息 5.90 万元。

第四季度期末现金余额 ＝ $272.6 - 255 - 5.9 = 11.7$（万元）

2024 年度中级会计资格
《财务管理》全真模拟试题（三）
答案速查、参考答案及解析

答案速查

一、单项选择题

1. B	2. C	3. C	4. D	5. B
6. C	7. C	8. D	9. C	10. C
11. C	12. A	13. C	14. C	15. C
16. D	17. A	18. D	19. B	20. A

二、多项选择题

1. ACD	2. ABC	3. BD	4. ABCD	5. BCD
6. AD	7. BCD	8. ABCD	9. AC	10. BD

三、判断题

1. ×	2. √	3. ×	4. ×	5. √
6. ×	7. √	8. ×	9. ×	10. ×

参考答案及解析

一、单项选择题

1. 【答案】B

【解析】公司制企业的优点是：容易转让所有权；有限债务责任；无限存续；更容易筹集所需资金。公司制企业的缺点是：组建公司的成本高；存在代理问题；双重课税。

2. 【答案】C

【解析】必要收益率＝无风险收益率＋风险收益率＝纯粹利率（资金时间价值）＋通货膨胀补偿率＋风险收益率＝5%＋2%＋4%＝11%。

3. 【答案】C

【解析】变动成本是指在特定的业务量范围内，其总额会随业务量的变动而呈正比例变动的成本。如直接材料、直接人工、按销售量支付的推销员佣金、装运费、包装费等。

4. 【答案】D

【解析】增量预算法，是指以历史期经济活动及其预算为基础，结合预算期经济活动及其相关影响因素的变动情况，通过调整历史期经济活动项目及金额形成预算的预算编制方法。

5. 【答案】B

【解析】直接材料预算、直接人工预算、变动制造费用预算是直接根据生产预算编制的，销售及管理费用预算中的固定费用部分与生产预算没有联系，其变动部分也主要与销售预算有关。

6. 【答案】C

【解析】材料采购数量＝350＋2 120－456＝2 014（千克），材料采购金额＝2 014×10＝20 140（元），付现金额＝20 140×50%＝10 070（元），年末应付账款＝20 140－10 070＝10 070（元）。

7. 【答案】C

【解析】租赁筹资属于债务筹资，会给企业带来财务杠杆效应，选项C错误。

8. 【答案】D

【解析】吸收直接投资的筹资特点包括：（1）能够尽快形成生产能力；（2）容易进行信息沟通；（3）资本成本较高；（4）公司控制权集中，不利于公司治理；（5）不易进行产权交易。留存的筹资特点包括：（1）不用发生筹资费用；（2）维持公司控制权分布；（3）筹资数额有限。所以选项D正确。

9. 【答案】C

【解析】账面价值权数不适合评价现时的资本结构合理性，选项A错误。目标价值权数的确定，可以选择未来的市场价值或未来的账面价值，而不能选择历史的账面价值，选项 B 错误。市场价值权数能够反映现时的资本成本水平，选项 D 错误。

10.【答案】C

【解析】2023 年利润留存 $= 2\,000 \times (1 + 20\%) \times 5\% \times 40\% = 48$（万元），外部融资需求量 $=(800 - 500) \times 20\% + 40 - 48 = 52$（万元）。

11.【答案】C

【解析】按投资活动对企业未来生产经营前景的影响划分，可以将投资分为发展性投资和维持性投资。

12.【答案】A

【解析】动态回收期是未来现金净流量的现值等于原始投资额现值时所经历的时间，本题中动态回收期短于项目的寿命期，所以项目未来现金净流量现值大于项目原始投资额现值，净现值 = 未来现金净流量现值 – 原始投资额现值，结果大于 0。

13.【答案】C

【解析】现金流量是一个增量的概念，在投资决策中是指一个项目引起的企业现金流出和现金流入增加的数量。这里的现金是广义的现金，不仅包括各种货币资金，而且还包括企业拥有的非货币资源的变现价值（或重置成本）。

14.【答案】C

【解析】债券基金为基金资产80%以上投资于债券的基金，仅投资于货币市场工具的为货币市场基金。所以选项 C 正确。

15.【答案】C

【解析】非系统风险可以通过证券资产持有的多样化来抵消，组合中包括的证券资产越多，风险分散越充分，当组合中证券资产种类足够多时，几乎能把所有的非系统风险分散掉，但非系统风险对不同的投资者来说影响程度是不同的。

16.【答案】D

【解析】本量利分析的基本假设包括：（1）总成本由固定成本和变动成本两部分组成，即成本要按性态进行分类；（2）销售收入与业务量呈完全线性关系，即销售的产品单价不变；（3）产销平衡，即期初期末产成品存货不变；（4）产品产销结构稳定，即产品的产销业务量结构不变。所以选项 D 错误。

17.【答案】A

【解析】股权激励模式适用情况如下：（1）股票期权模式比较适合那些初始资本投入较少、资本增值较快、处于成长初期或扩张期的企业，如互联网、高科技等风险较高的企业等。（2）对于处于成熟期的企业，由于其股价的上涨空间有限，因此采用限制性股票模式较为合适。（3）股票增值权模式较适合现金流量比较充裕且比较稳定的上市公司和现金流量比较充裕的非上市公司。（4）业绩股票激励模式只对公司的业绩目标进行考核，不要求股价的上涨，因此比较适合业绩稳定型的上市公司及其集团公司、子公司。

18.【答案】D

【解析】因果预测分析法是指分析影响产品销售量（因变量）的相关因素（自变量）以及它们之间的函数关系，并利用这种函数关系进行产品销售预测的方法。因果预测分析法最常用的是回归分析法，也就是回归直线法。

19.【答案】B

【解析】营运资金 = 流动资产 - 流动负债。

20.【答案】A

【解析】市净率 = 每股市价/每股净资产 = 20/（500/100）= 4。

二、多项选择题

1.【答案】ACD

【解析】本题考核经济周期相关知识。在企业经济繁荣期应增加劳动力，所以选项 B 错误。

2.【答案】ABC

【解析】股东对公司的管理权主要体现在重大决策参与权、经营者选择权、财务监控权、公司经营的建议和质询权、股东大会召集权等方面。收益分享权不属于管理权的内涵，它属于普通股股东的另一种基本权利。

3.【答案】BD

【解析】经营杠杆，是指由于固定性经营成本的存在，而使得企业的资产收益（息税前利润）变动率大于业务量变动率的现象，因此产销量的增长将引起息税前利润更大幅度的增长，选项 A 错误。财务杠杆，是指由于固定性资本成本的存在，而使得企业的普通股收益（或每股收益）变动率大于息税前利润变动率的现象，因此息税前利润的下降将引起每股收益更大幅度的下降，选项 B 正确。财务杠杆反映了权益资本收益的波动性，财务杠杆系数越大，普通股收益的变动率越大于息税前利润的变动率，若息税前利润上升，会引起普通股收益更大幅度的上升，若息税前利润下降，会引起普通股收益更大幅度的下降，所以不一定表明公司盈利能力下降，选项 C 错误。财务杠杆系数变大，财务风险增加，选项 D 正确。

4.【答案】ABCD

【解析】现金支出管理中，尽可能推迟现金的支出，主要方法包括使用现金浮游量、推迟应付款的支付、汇票代替支票、改进员工工资支付模式、透支、争取现金流出与现金流入同步和使用零余额账户。

5.【答案】BCD

【解析】当股价分别为 100 元和 105 元，买方放弃行权，孙某净损益为之前收取的期权费 5 元。如果股价为 98 元，到期日净损益 = -（100 - 98）+ 5 = 3（元），也是正的净损益。如果股价为 93 元，到期日净损益 = -（100 - 93）+ 5 = -2（元），净损益为负。

6.【答案】AD

【解析】长期债券的价值对市场利率的敏感性会大于短期债券，在市场利率较低时，长期债券的价值远高于短期债券，在市场利率较高时，长期债券的价值远低于短期债券，选项 B 不正确。债券期限越短，债券票面利率对债券价值的影响越小，选项 C 不正确。

7.【答案】BCD

【解析】边际贡献总额 = 销售收入 − 变动成本 = 销售量 ×（单价 − 单位变动成本），由此可以看出，固定成本的改变不影响边际贡献总额。

8.【答案】ABCD

【解析】股票期权模式的优点是能够降低委托代理成本、有利于降低激励成本、可以锁定期权人的风险。缺点是影响现有股东的权益、可能遭遇来自股票市场的风险、可能带来经营者的短期行为。

9.【答案】AC

【解析】税后净营业利润衡量的是企业的经营盈利情况，营业外收支、递延税金等都要从税后净营业利润中扣除；平均资本占用反映的是企业持续投入的各种债务资本和股权资本；加权平均资本成本反映的是企业各种资本的平均成本率；经济增加值为正，表明经营者在为企业创造价值；经济增加值为负，表明经营者在损毁企业价值。

10.【答案】BD

【解析】选项 A 是速动资产之间的变化，既不影响流动资产，也不影响速动资产和流动负债，所以流动比率和速动比率都不变；选项 C 会使速动资产减少，但流动资产和流动负债不变，因此会使速动比率下降，但不影响流动比率。

三、判断题

1.【答案】×

【解析】协调相关者的利益冲突，要把握的原则是尽可能使企业相关者的利益分配在数量上和时间上达到动态的协调平衡。

2.【答案】√

【解析】通货膨胀对企业财务活动的影响：（1）引起资金占用的大量增加，从而增加企业的资金需求。（2）引起企业利润虚增，造成企业资金由于利润分配而流失。（3）引起利率上升，加大企业的筹资成本。（4）引起有价证券价格下降，增加企业的筹资难度。（5）引起资金供应紧张，增加企业的筹资困难。

3.【答案】×

【解析】经营风险是指企业由于生产经营上的原因而导致的资产收益波动的风险。引起企业经营风险的主要原因是市场需求和生产成本等因素的不确定性，经营杠杆本身并不是资产收益不确定的根源，只是资产收益波动的表现。但是，经营杠杆放大了市场和生产等因素变化对利润波动的影响。

4.【答案】×

【解析】短期负债在较短期限内就需要还本付息，过多地使用短期融资会导致较高的流动性风险，所以是较为激进的。

5.【答案】√

【解析】因为复利现值与期限、利率都是反向变动的，所以在终值和计息期一定的情况下，贴现率越低，则复利现值越高。

6.【答案】×

【解析】使用债务筹资可以带来节税收益，增加企业价值，但出于财务管理目标的考虑，在采用债务筹资方式筹集资金时，不仅要将资本结构控制在相对安全的范围内，还要确保总资产收益率（息税前）大于债务利息率。

7.【答案】√

【解析】预防性需求是指企业需要持有一定量的现金，以应付突发事件。企业临时融资能力较强，当发生突发事件时，可以进行临时筹资，所以预防性需求的现金持有量一般较低。

8.【答案】×

【解析】在紧缩的流动资产投资策略下，企业维持低水平的流动资产与销售收入比率。紧缩的流动资产投资策略可以节约流动资产的持有成本，但与此同时可能伴随着更高风险，所以经营风险和财务风险较高。

9.【答案】×

【解析】以完全成本为基础定价，在全部成本费用基础上制定价格，既可以保证企业简单再生产的正常进行，又可以使劳动者为社会劳动所创造的价值得以全部实现。

10.【答案】×

【解析】在计算应收账款周转次数指标时，应收账款是指未扣除坏账准备的金额。

四、计算分析题

1.【答案】

（1）甲种存款的实际利率 $i = (1 + 12\% / 4)^4 - 1 = 12.55\%$。

（2）设乙种存款的名义利率为 r，则有：$12.55\% = (1 + r/2)^2 - 1$，

解得：$r \approx 12.18\%$。

2.【答案】

（1）A ＝ 40 ＋ 1 010 － 1 000 ＝ 50（万元）

B ＝ A ＝ 50 万元

$50 \leqslant 31.3 + C - C \times 6\% / 4 \leqslant 60$，且 C 为 10 万元的整数倍，解得：C ＝ 20 万元

D ＝ 20 × 6% / 4 ＝ 0.3（万元）

E ＝ 31.3 ＋ 20 － 0.3 ＝ 51（万元）

F ＝ － 37.7 － 0.3 ＋ 90 ＝ 52（万元）

题中条件"年末余额已预定为 60 万元"，也就是第四季度期末现金余额为 60 万元，因此现金余缺 － 归还短期借款 － 支付短期借款利息 － 购买有价证券 ＝ 60，即：132.3 － 20 － 0.3 － G ＝ 60，因此 G ＝ 52 万元

H ＝ 40 万元

I ＝ 40 ＋ 5 536.6 ＝ 5 576.6（万元）

J＝60 万元

（2）借款的实际年利率 ＝ $(1+6\%/4)^4-1=6.14\%$ 。

3.【答案】

（1）每股收益 ＝45 000/20 000＝2.25（元）

每股净资产 ＝225 000/20 000＝11.25（元）

市盈率 ＝20/2.25＝8.89

（2）①普通股股数增加 ＝20 000×6%＝1 200（万股）

"股本"项目：50 000＋1 200×2.5＝53 000（万元）

"未分配利润"项目：160 000－1 200×20＝136 000（万元）

"资本公积"项目：15 000＋1 200×（20－2.5）＝36 000（万元）

②发放股票股利后的每股收益 ＝45 000/（20 000＋1 200）＝2.12（元）

③发放股票股利后的每股净资产 ＝225 000/（20 000＋1 200）＝10.61（元）

（3）进行股票分割后：

①普通股股数增加 20 000 万股，变成 40 000 万股，但每股面值降为 1.25（2.5/2）元。

"股本""未分配利润"和"资本公积"项目均没有发生变化。

②进行股票分割后的每股收益 ＝45 000/40 000＝1.13（元）

③进行股票分割后的每股净资产 ＝225 000/40 000＝5.63（元）。

五、综合题

1.【答案】

（1）①敏感资产销售百分比 ＝510/1 500＝34%

敏感负债销售百分比 ＝（264＋12）/1 500＝18.4%

增加的销售收入 ＝1 800－1 500＝300（万元）

2024 年公司需要增加的资金 ＝300×（34%－18.4%）＝46.8（万元）

②2023 年的销售净利率 ＝45×（1－25%）/1 500＝2.25%

2023 年的利润留存比率 ＝[45×（1－25%）－13.5]/[45×（1－25%）]＝60%

2024 年公司增加的留存收益 ＝1 800×2.25%×60%＝24.3（万元）

③2024 年公司需要从外部增加的资金 ＝46.8－24.3＝22.5（万元）

（2）①2024 年预计息税前利润 ＝16 000×15%＝2 400（万元）

②增发普通股方式下的股数 ＝300＋100＝400（万股）

增发普通股方式下的利息 ＝500 万元

增发债券方式下的股数 ＝300 万股

增发债券方式下的利息 ＝500＋850×10%＝585（万元）

根据：（EBIT－500）×（1－25%）/400＝（EBIT－585）×（1－25%）/300

求得：EBIT＝840 万元。

③由于 2024 年息税前利润 2 400 万元大于每股收益无差别点时的息税前利润 840

万元，故应选择方案2（发行债券）筹集资金。

④增发新股的资本成本 = 0.5 × (1 + 5%) / 8.5 + 5% = 11.18%

增发债券的资本成本 = 10% × (1 − 25%) = 7.5%

⑤无差别点上的财务杠杆系数 = 840 / (840 − 585) = 3.29

⑥每股收益的增长幅度 = 20% × 3.29 = 65.8%

（3）方案1：借款额 = 80 / (1 − 20%) = 100（万元）。

实际利率 = 12% / (1 − 20%) = 15%

方案2：借款额 = 80 / (1 − 12%) = 90.91（万元）。

实际利率 = 12% / (1 − 12%) = 13.64%

方案3：借款额 = 2 × 80 = 160（万元）。

实际利率 = 2 × 12% = 24%

由于采用方案2的实际利率最低，应选择贴现付息法。

2. 【答案】

（1）A = 3 000 × 5 = 15 000；B = 15 000 + 800 = 15 800；C = 1 600；D = 15 800 − 1 600 = 14 200；E = 14 200 × 8 = 113 600；F = 18 000 − 1 200 = 16 800；G = 16 800 / 5 = 3 360；H = 18 000 − 800 = 17 200；I = 17 200 × 8 = 137 600；K = 144 000 / 8 = 18 000；J = 19 200 − K = 19 200 − 18 000 = 1 200；L = 3 000 + 3 360 + 3 640 + 4 500 = 14 500；M = 14 500 × 5 = 72 500；N = 74 000 − 1 600 = 72 400

（2）第一季度采购支出 = 113 600 × 70% + 50 000 = 129 520（元）

第四季度末应付账款 = 184 000 × 30% = 55 200（元）

（3）乙材料的单位标准成本 = 5 × 8 = 40（元/件）

（4）材料成本差异 = 17 600 × 7.5 − 3 200 × 5 × 8 = 4 000（元）

材料价格差异 = (7.5 − 8) × 17 600 = − 8 800（元）

材料用量差异 = (17 600 − 3 200 × 5) × 8 = 12 800（元）

（5）乙材料成本超支4 000元，其中材料价格节约差异8 800元，材料用量超支差异12 800元。用量差异的主要原因是生产部门耗用材料超过标准。具体原因要从生产部门的生产组织、材料的规格质量、劳动工具的适用性、劳动工人的熟练程度入手分析。所以企业应该查明材料用量超标的具体原因，以便改进工作，节约材料。

2024 年度中级会计资格
《财务管理》全真模拟试题（四）
答案速查、参考答案及解析

答案速查

一、单项选择题

1. C	2. D	3. A	4. B	5. C
6. C	7. B	8. C	9. D	10. B
11. B	12. A	13. C	14. D	15. C
16. B	17. B	18. A	19. C	20. D

二、多项选择题

1. ABC	2. BCD	3. ABD	4. ABC	5. ABD
6. ABD	7. ACD	8. AB	9. ABD	10. AC

三、判断题

1. ×	2. ×	3. ×	4. ×	5. ×
6. √	7. √	8. ×	9. ×	10. √

参考答案及解析

一、单项选择题

1. 【答案】C

【解析】包括财务管理人员在内的管理层如果素质高、能力强，可以采用集权型财务管理体制。反之，通过分权可以调动所属单位的生产积极性、创造性和应变能力。

2. 【答案】D

【解析】本题的考点是已知普通年金现值，求年资本回收额。$30\,000 = A \times (P/A, 10\%, 10)$，$A = 30\,000/(P/A, 10\%, 10) = 30\,000/6.1446 = 4\,882.34$（元）。

3. 【答案】A

【解析】假设该基金的收益率为 i，则 $100 \times (F/A, i, 10) = 1\,800$，解得：$(F/A, i, 10) = 18$；同时 $(F/A, 12\%, 10) = 17.549$，$(F/A, 14\%, 10) = 19.337$，所以，$(i - 12\%)/(14\% - 12\%) = (18 - 17.549)/(19.337 - 17.549)$，解得：$i = 12.5\%$。

4. 【答案】B

【解析】选项 A 为风险规避，选项 B 为风险转换，选项 C 为风险转移，选项 D 为风险对冲。

5. 【答案】C

【解析】销售预算的主要内容是销量、单价、销售收入和预计现金收入。

6. 【答案】C

【解析】上年第三季度销售在上年第三季度收回 60%，在上年第四季度收回 35%，在上年末还有 5% 没有收回，即 4 000 元为上年第三季度销售额的 5%，这部分资金在第一季度可以全部收回；上年第四季度销售额在上年第四季度收回 60%，在上年年末还有 40% 没有收回，即 20 000 元为上年第四季度销售额的 40%。第四季度的销售额在预算年度第一季度可以收回 35%，因此预算年度第一季度收回的应收账款 = 4 000 + 20 000/40% × 35% = 21 500（元）。具体见下表：

项目		上年		本年	
		第三季度	第四季度	第一季度	第二季度
上年	第三季度	60%	35%	5%	
	第四季度		60%	35%	5%
本年	第一季度			60%	35%
	第二季度				60%

7.【答案】B

【解析】零基预算法的优点表现在：一是以零为起点编制预算，不受历史期经济活动中的不合理因素影响，能够灵活应对内外环境的变化，预算编制更贴近预算期企业经济活动需要；二是有助于增加预算编制透明度，有利于进行预算控制。

8.【答案】C

【解析】专门决策预算直接反映相关决策的结果，是实际中已选方案的进一步规划，如资本支出预算。选项 A、D 属于财务预算，选项 B 属于经营预算。

9.【答案】D

【解析】货币资金年末余额 = 第四季度期末现金余额 = 第四季度期初现金余额 + 本期现金收入 − 本期现金支出 = 1.5 + 20 − 19 = 2.5（万元）。

10.【答案】B

【解析】回售条款是指债券持有人有权按照事先约定的价格将债券卖回给发债公司的条件规定。回售一般发生在公司股票价格在一段时期内连续低于转股价格达到某一幅度时，回售对于投资者而言实际上是一种卖权，有利于降低投资者的持券风险。设置赎回条款的最主要功能是强制债券持有者积极行使转股权。选项 A、D 错误。转换比率为债券面值与债券价格之商，选项 C 错误。

11.【答案】B

【解析】相对于股票筹资方式来说，吸收直接投资的资本成本较高（选项 B 为答案，注意，本题要求选择"不正确的"）。当企业经营较好、盈利较多时，投资者往往要求将大部分盈余作为红利分配，因为向投资者支付的报酬是按其出资数额和企业实现利润的比率来计算的。

12.【答案】A

【解析】相对于股权筹资来说，银行借款筹资的优点有：筹资速度快、筹资成本低、筹资弹性大。此外，银行借款可以发挥财务杠杆作用，但使用银行借款将导致公司的财务风险较高。

13.【答案】C

【解析】资金需要量 = （基期资金平均占用额 − 不合理资金占用额）×（1 + 预测期销售增长率）÷（1 + 预测期资金周转速度增长率）= （3 500 − 500）×（1 + 5%）÷（1 + 2%）= 3 088.24（万元）。

14.【答案】D

【解析】$K_s = （100 × 8\%）/[90 × （1 − 2\%）] = 9.07\%$。

15.【答案】C

【解析】内含收益率是净现值为 0 对应的折现率。净现值 = 未来现金净流量现值 − 原始投资额现值，故有：$40 × （P/A, IRR, 10） − 200 = 0$，整理可得：$（P/A, IRR, 10） = 200/40 = 5$。$（P/A, 14\%, 10） = 5.216 1 > 5$，$（P/A, 16\%, 10） = 4.833 2 < 5$。应用内插法可知：$（IRR − 14\%）/（16\% − 14\%） = （5 − 5.216 1）/（4.833 2 − 5.216 1）$，即：$（IRR − 14\%）/2\% = 0.56$，$IRR − 14\% = 2\% × 0.56 = 1.12\%$，$IRR = 14\% + 1.12\% =$

15.12%。

【提示】作为单选题，为了节省时间，本题并不需要用内插法计算，直接根据 5 与 4.8332 的差额小于 5.2161 与 5 的差额就可以定性判断答案大于 15% 小于 16%，即选项 C 正确。

16.【答案】B

【解析】放弃现金折扣的信用成本率 = ［折扣百分比 ÷ (1 - 折扣百分比)］× ［360 ÷ (付款期 - 折扣期)］= ［2%/(1 - 2%)］× ［360/(70 - 10)］= 12.24%。

17.【答案】B

【解析】单位产品价格 = (300 000 + 42 000)/［20 000 × (1 - 5%)］= 18（元）。

18.【答案】A

【解析】直接人工效率差异是效率差异，其形成的原因是多方面的，工人技术状况、工作环境和设备条件的好坏等，都会影响直接人工效率的高低，但其主要责任还是在生产部门，所以本题正确答案为选项 A。

19.【答案】C

【解析】财产股利是以现金以外的其他资产支付的股利，主要是以公司所拥有的其他公司的有价证券，如债券、股票等作为股利支付给股东。

20.【答案】D

【解析】销售预测的定性分析方法包括营销员判断法、专家判断法、产品寿命周期分析法；销售预测的定量分析方法包括趋势预测分析法、因果预测分析法。

二、多项选择题

1.【答案】ABC

【解析】以企业价值最大化作为财务管理目标的缺点是企业的价值过于理论化，不易操作。尽管对于上市公司而言，股票价格的变动在一定程度上揭示了企业价值的变化，但股价是多种因素共同作用的结果，特别是在资本市场效率低下的情况下，股票价格很难反映企业价值。

2.【答案】BCD

【解析】永续年金指没有终结期的普通年金。该永续现金流量在 0 时点有发生额 90 万元，所以选项 A 错误。

3.【答案】ABD

【解析】制造费用中，除折旧费外都需要支付现金。制造费用中的折旧费不会导致现金流出，因此选项 C 的说法不正确。

4.【答案】ABC

【解析】如果债券转换时公司股票价格大幅度上扬，公司只能以较低的固定转换价格换出股票，从而会降低公司的股权筹资额。

5.【答案】ABD

【解析】优先股的每股收益是固定的，只要净利润增加并且高于优先股股息，普通股的每股收益就会上升。另外，优先股股东无表决权，因此不影响普通股股东对企业的控制权，也基本上不会稀释原普通股的权益。所以，优先股有利于保障普通股收益和控制权，选项 C 的表述错误。

6. 【答案】ABD

【解析】本题的考点为影响资本结构的因素。如果预期市场利率会上升，企业便会大量发行长期债券，从而在若干年内把利率固定在较低水平。

7. 【答案】ACD

【解析】该项目现值指数大于 1，说明项目的净现值大于 0，项目可行，因此内含收益率大于资本成本 14%，动态回收期本质是净现值为 0 的时间，本项目净现值大于 0，说明动态回收期小于经营期限 10 年，营业期累计折现的净现金流量的现值就抵偿了原始投资额现值，静态回收期不考虑资金时间价值，同一项目计算结果是小于动态回收期的，所以静态回收期必定小于 10 年。

8. 【答案】AB

【解析】价格差异 =（实际价格 – 标准价格）× 实际用量；用量差异 = 标准价格 ×（实际用量 – 实际产量下的标准用量）；直接人工工资率差异、变动制造费用耗费差异均属于价格差异。

9. 【答案】ABD

【解析】本题考查剩余股利政策。剩余股利政策首先就是要根据目标资本结构来测算所需的权益资本额，因此可以保持目标资本结构，选项 A 正确。在此结构下，公司的加权平均资本成本将达到最低水平，可以降低再投资的资本成本，实现企业价值的长期最大化，选项 B、D 正确。剩余股利政策下，股利发放额会每年随着投资机会和盈利水平的波动而波动，而非与企业盈余紧密结合（这是固定股利支付率政策的特点），选项 C 错误。

10. 【答案】AC

【解析】本题考查的知识点是企业短期偿债能力，营运资金是绝对数，不便进行不同企业之间的比较。选项 B 错误。使用速动比率时应考虑行业的差异性。因此，选项 A、C 正确。

三、判断题

1. 【答案】×

【解析】货币市场主要有拆借市场、票据市场、大额定期存单市场和短期债券市场等，资本市场主要包括债券市场、股票市场、期货市场和融资租赁市场等。大额定期存单市场属于货币市场而不是资本市场，本题说法错误。

2. 【答案】×

【解析】通货膨胀会引起利率上升，加大企业的筹资成本，增加企业的筹资难度。

3. 【答案】×

【解析】由于存在无风险收益率，所以当甲资产 β 系数是乙资产 β 系数的两倍时，甲资产必要收益率小于乙资产必要收益率的两倍。

4.【答案】×

【解析】技术性变动成本也叫约束性变动成本，指由技术或设计关系所决定的变动成本，与产量有明确的技术或实物关系的变动成本。其特点是只要生产就必然会发生，如果不生产，则不会发生。

5.【答案】×

【解析】优先股资本成本＝优先股年固定股息／［优先股发行价格×（1－筹资费用率）］，优先股发行价格位于公式分母的位置，其数值越高，计算得出的资本成本率越低。

6.【答案】√

【解析】独立投资方案之间比较时，决策要解决的问题是如何确定各种可行方案的投资顺序，即各独立方案之间的优先次序。排序分析时，以各独立方案的获利程度作为评价标准，一般采用内含收益率法进行比较决策。内含收益率指标综合反映了各方案的获利程度，在各种情况下的决策结论都是正确的。所以，此题说法正确。

7.【答案】√

【解析】存货管理的目标，就是在保证生产和销售经营需要的前提下，最大限度地降低存货成本。

8.【答案】×

【解析】如果企业预计将长期盈利，应选择使本期存货成本最大化的存货计价方法，这样可以减少当期利润，起到递延纳税的作用。

9.【答案】×

【解析】采用应收账款保理后，可以借助专业的保理商去催收账款，能够在很大程度上降低坏账发生的可能性，所以，不会增加坏账损失，反而会减少坏账损失。本题的说法不正确。

10.【答案】√

【解析】低正常股利加额外股利政策是在公司盈利不足或资金需求较多时只发放低正常股利，不发放额外红利，不会导致公司资金紧张、财务状况恶化；在公司资金有富余时，发放额外红利，还转移了公司使用资金的压力，赋予公司较大的灵活性。

四、计算分析题

1.【答案】

公司筹资前利息费用＝4 000×5%＝200（万元）

公司筹资前普通股股数＝600万股

方案一：

新增利息＝3 000×6%＝180（万元）

新增普通股股数＝200万股

$EPS1 = (EBIT - 200 - 180) \times (1 - 25\%) / (600 + 200)$

方案二：

新增普通股股数 ＝400 万股

新增优先股股息 ＝1 000 ×8% ＝80 （万元）

EPS2 ＝[（EBIT －200 ）×（1 －25% ）－80]/（600 ＋400 ）

方案三：

新增利息 ＝3 000 ×6% ＝180 （万元）

新增优先股股息 ＝2 000 ×8% ＝160 （万元）

EPS3 ＝[（EBIT －200 －180 ）×（1 －25% ）－160]/600

方案一和方案二比较：

（EBIT －200 －180 ）×（1 －25% ）/（600 ＋200 ）＝[（EBIT －200 ）×（1 －25% ）－80]/（600 ＋400 ）

每股收益无差别点息税前利润 ＝673 万元

方案一和方案三比较：

（EBIT －200 －180 ）×（1 －25% ）/（600 ＋200 ）＝[（EBIT －200 －180 ）×（1 －25% ）－160]/600

每股收益无差别点息税前利润 ＝1 233 万元

方案二和方案三比较：

[（EBIT －200 ）×（1 －25% ）－80]/（600 ＋400 ）＝[（EBIT －200 －180 ）×（1 －25% ）－160]/600

每股收益无差别点息税前利润 ＝1 023 万元

当 EBIT <673 万元时，应选择方案二；

当 673 万元 <EBIT <1 233 万元时，应选择方案一（公司预计 EBIT ＝1 200 万元，故应选择方案一）；

当 EBIT >1 233 万元时，应选择方案三。

2. 【答案】

（1）改变信用政策前：

销售额 ＝48 000 ×100 ＝4 800 000 （元）

边际贡献 ＝4 800 000 ×（1 －60% ）＝1 920 000 （元）

收账费用 ＝4 800 000 ×30% ×4% ＝57 600 （元）

平均收现期 ＝20 ×70% ＋50 ×30% ＝29 （天）

应收账款应计利息 ＝10% ×60% ×29 ×（4 800 000/360 ）＝23 200 （元）

存货占用资金应计利息 ＝3 000 ×100 ×60% ×10% ＝18 000 （元）

改变信用政策后：

销售额 ＝4 800 000 ×1.1 ＝5 280 000 （元）

边际贡献 ＝5 280 000 ×（1 －60% ）＝2 112 000 （元）

边际贡献增加 ＝2 112 000 －1 920 000 ＝192 000 （元）

收账费用 ＝5 280 000 ×10% ×5% ＝26 400 （元）

收账费用减少 = 57 600 - 26 400 = 31 200（元）

平均收现期 = 10 × 40% + 20 × 20% + 30 × 30% + 60 × 10% = 23（天）

应收账款应计利息 = 10% × 60% × 23 × (5 280 000/360) = 20 240（元）

应收账款应计利息减少 = 23 200 - 20 240 = 2 960（元）

存货占用资金应计利息 = 3 600 × 100 × 60% × 10% = 21 600（元）

存货占用资金应计利息增加 = 21 600 - 18 000 = 3 600（元）

现金折扣成本 = 5 280 000 × (4% × 40% + 1% × 20%) = 95 040（元）

现金折扣成本增加 = 95 040 - 0 = 95 040（元）

（2）改变信用政策的净损益 = 192 000 + 31 200 + 2 960 - 3 600 - 95 040 = 127 520（元）

由于改变信用政策的净损益大于零，所以该公司应该推出该现金折扣政策。

3.【答案】

（1）计算追加投资前 A 投资中心的剩余收益：

A 投资中心的息税前利润额 = 200 × 15% = 30（万元）

A 投资中心的剩余收益 = 30 - 200 × 12% = 6（万元）

（2）计算追加投资前 B 投资中心的平均经营资产：

B 投资中心的息税前利润额 = 平均经营资产 × 17%

B 投资中心的剩余收益 = 平均经营资产 × 17% - 平均经营资产 × 12% = 20（万元）

平均经营资产 = 20/(17% - 12%) = 400（万元）

（3）计算追加投资前该公司的投资收益率：

投资收益率 = (200 × 15% + 400 × 17%)/(200 + 400) = 16.33%

（4）若 A 投资中心接受追加投资，计算其剩余收益：

剩余收益 = (200 × 15% + 20) - (200 + 100) × 12% = 14（万元）

（5）若 B 投资中心接受追加投资，计算其投资收益率：

投资收益率 = (400 × 17% + 15)/(400 + 100) = 16.60%。

五、综合题

1.【答案】

（1）①投资期现金净流量 NCF_0 = - (7 200 + 1 200) = - 8 400（万元）

②年折旧额 = 7 200 × (1 - 10%)/6 = 1 080（万元）

③生产线投入使用后第 1～5 年每年的营业现金净流量 $NCF_{1\sim5}$ = (11 880 - 8 800) × (1 - 25%) + 1 080 × 25% = 2 580（万元）

④生产线投入使用后第 6 年的现金净流量 NCF_6 = 2 580 + 1 200 + 7 200 × 10% = 4 500（万元）

⑤净现值 = - 8 400 + 2 580 × (P/A, 12%, 5) + 4 500 × (P/F, 12%, 6) = - 8 400 + 2 580 × 3.604 8 + 4 500 × 0.506 6 = 3 180.08（万元）

（2）A 方案的年金净流量 = 3 180.08/(P/A, 12%, 6) = 3 180.08/4.111 4 = 773.48（万元）

B 方案的年金净流量 = 3 228.94/（P/A,12%,8） = 3 228.94/4.9676 = 650（万元）

由于 A 方案的年金净流量大于 B 方案的年金净流量，因此乙公司应选择 A 方案。

（3）①（EBIT - 16 000 × 8%）×（1 - 25%）/（4 000 + 7 200/6）=（EBIT - 16 000 × 8% - 7 200 × 10%）×（1 - 25%）/4 000

EBIT =（5 200 × 2 000 - 4 000 × 1 280）/（5 200 - 4 000）= 4 400（万元）

②每股收益无差别点的每股收益 =（4 400 - 16 000 × 8%）×（1 - 25%）/（4 000 + 7 200/6）= 0.45（元）

③该公司预期息税前利润 4 500 万元大于每股收益无差别点的息税前利润，所以应该选择财务杠杆较大的方案二：债券筹资。

（4）①乙公司普通股的资本成本 = 0.3 ×（1 + 10%）/6 + 10% = 15.5%

②筹资后乙公司的加权平均资本成本 = 15.5% × 24 000/（40 000 + 7 200）+ 8% ×（1 - 25%）× 16 000/（40 000 + 7 200）+ 10% ×（1 - 25%）× 7 200/（40 000 + 7 200）= 11.06%。

2. 【答案】

（1）2024 年的基本每股收益 = 8 400/（3 000 + 2 000 × 3/12）= 2.4（元/股）

（2）2025 年的基本每股收益 = 10 600/（3 000 + 2 000）= 2.12（元/股）

2025 年的稀释每股收益 =（10 600 + 200）/（3 000 + 2 000 + 8 000/10 × 6/12）= 2（元/股）

（3）2025 年末市盈率 = 31.8/2.12 = 15（倍）

该公司的市盈率 15 倍低于同行业类似可比公司的市盈率 25 倍，由此可见，市场对于该公司股票的评价偏低。或：甲公司普通股的每股市价 31.8 元小于同行业类似可比公司的每股价值 53 元（25 × 2.12），所以该公司的股价被市场低估。

2024 年度中级会计资格
《财务管理》全真模拟试题（五）
答案速查、参考答案及解析

答案速查

一、单项选择题

1. D	2. C	3. D	4. B	5. A
6. A	7. C	8. A	9. A	10. C
11. A	12. C	13. B	14. D	15. D
16. A	17. B	18. B	19. A	20. A

二、多项选择题

1. BCD	2. BC	3. ABD	4. BC	5. ACD
6. ABD	7. ABCD	8. ABCD	9. BC	10. ABC

三、判断题

1. √	2. √	3. √	4. √	5. √
6. ×	7. ×	8. √	9. √	10. ×

参考答案及解析

一、单项选择题

1. 【答案】D

【解析】集权与分权相结合的财务管理体制下，通常应当集权的有：集中制度制定权；集中筹资、融资权；集中投资权；集中用资、担保权；集中固定资产购置权；集中财务机构设置权；集中收益分配权。通常应当分散的有：分散经营自主权；分散人员管理权；分散业务定价权；分散费用开支审批权。

2. 【答案】C

【解析】名义利率 = (1 + 实际利率) × (1 + 通货膨胀率) – 1 = (1 + 5%) × (1 + 2%) – 1 = 7.1%。

3. 【答案】D

【解析】账户分析法，又称会计分析法，它是根据有关成本账户及其明细账的内容，结合其与业务量的依存关系，判断其比较接近哪一类成本，就视其为哪一类成本。这种方法简便易行，但比较粗糙且带有主观判断。

4. 【答案】B

【解析】租赁的折现率 = 年利率 + 每年的租赁手续费率，所以，本题中的折现率 = 8% + 2% = 10%。由于租赁期满的预计残值归租赁公司，因此，对于租赁公司而言，现金流入现值 = 租金的现值 + 残值的现值，而现金流出的现值为 500 000 元，所以，每期租金 × (P/A, 10%, 5) × (1 + 10%) + 100 000 × (P/F, 10%, 5) = 500 000（元），即：每期租金 = [500 000 – 100 000 × (P/F, 10%, 5)]/[(P/A, 10%, 5) × (1 + 10%)]。

5. 【答案】A

【解析】根据《上市公司证券发行管理办法》规定向原股东配售股份（以下简称配股），除符合一般规定外，还应当符合下列规定：(1) 拟配售股份数量不超过本次配售股份前股本总额的 30%。(2) 控股股东应当在股东大会召开前公开承诺认配股份的数量（选项 B 错误）。(3) 采用证券法规定的代销方式发行（选项 C 错误）。控股股东不履行认配股份的承诺，或者代销期限届满，原股东认购股票的数量未达到拟配售数量 70% 的，发行人应当按照发行价并加算银行同期存款利息返还已经认购的股东（选项 D 错误）。

6. 【答案】A

【解析】留存收益资本成本 = [2 × (1 + 2%)/25] × 100% + 2% = 10.16%。

7. 【答案】C

【解析】经营杠杆系数 = 息税前利润变动率/销售量变动率，息税前利润增长率 =

$20\% \times 2 = 40\%$；2024 年息税前利润收益 $= 100 \times (1 + 40\%) = 140$（万元）。

8.【答案】A

【解析】影响经营杠杆的因素包括：企业成本结构中的固定成本比重；息税前利润水平。其中，息税前利润水平又受产品销售数量、销售价格、成本水平（单位变动成本和固定成本总额）高低的影响。固定成本比重越高、成本水平越高、产品销售数量和销售价格水平越低，经营杠杆效应越大，反之则相反。而利息费用属于影响财务杠杆系数的因素。

9.【答案】A

【解析】修正的 MM 理论认为，企业价值会随着资产负债率的增加而增加，选项 A 错误。从成熟的证券市场来看，企业的筹资优序模式首先是内部筹资，其次是借款、发行债券、可转换债券，最后是发行新股筹资。选项 B 正确。根据代理理论，债务筹资可能带来代理成本，即企业接受债权人监督而产生的成本（债务代理成本），选项 C 正确。最初的 MM 理论认为，有负债企业的股权成本随着负债程度的增大而增大。选项 D 正确。

10.【答案】C

【解析】原始投资额 $= 500 + 500 = 1\,000$（万元），考虑投资期之后，第 2 年收回 400 万元，第 3 年收回 400 万元，第 4 年收回 250 万元，所以，截至第 3 年年末还有 200 万元（$1\,000 - 400 - 400 = 200$）未收回，未收回的 200 万元在第 4 年可以全部收回，因此，包括投资期的静态回收期 $= 3 + 200/250 = 3.8$（年）。未来现金净流量的现值等于原始投资额现值时所经历的时间为动态回收期，也就是累计折现现金净流量为 0 时所经历的时间为动态回收期，所以，本题包括投资期的动态回收期为 6 年（投资期 1 年 + 营业期 5 年）。

11.【答案】A

【解析】放弃现金折扣的信用成本率 $= 2\%/(1 - 2\%) \times 360/(70 - 20) = 14.69\%$。

12.【答案】C

【解析】赊销是对客户的优惠，有促进销售和减少存货的功能。

13.【答案】B

【解析】$27.41\% = [X/(1 - X)] \times [360/(40 - 20)]$，$X = 1.5\%$。

14.【答案】D

【解析】每股营业现金净流量是通过企业经营活动现金流量净额与普通股股数之比来反映的。

15.【答案】D

【解析】固定制造费用耗费差异 $= 190\,000 - 10\,400 \times 1.5 \times 12 = 2\,800$（元）（超支）；固定制造费用能量差异 $= (10\,400 \times 1.5 - 8\,000 \times 1.5) \times 12 = 43\,200$（元）（超支）；固定制造费用成本差异 $= 190\,000 - 8\,000 \times 1.5 \times 12 = 46\,000$（元）（超支）；固定制造费用效率差异 $= (10\,000 - 8\,000 \times 1.5) \times 12 = -24\,000$（元）（节约），所以选项 D 是正确答案。

16.【答案】A

【解析】本题考查股利政策。剩余股利政策是指公司在有良好的投资机会时，根据目标资本结构，测算出投资所需的权益资本额，先从盈余中留用，然后将剩余的盈余作为股利来分配，因此可以保持企业最优资本结构，选项 A 正确。而其他股利政策在确定股利发放额时，均未考虑资本结构的影响，选项 B、C、D 错误。

17.【答案】B

【解析】现金股利导致未分配利润减少，从而减少所有者权益、改变所有者权益结构，另外，股票除息也会降低股票市场价格。股票回购导致现金流出企业，普通股股数减少，减少股本和资本公积，减少所有者权益并且改变所有者权益结构，由于流通在外的普通股数减少，所以，在盈利总额和市盈率不变的情况下，会提高普通股市场价格。选项 B 正确。

18.【答案】B

【解析】限制性股票模式是指公司为了实现某一特定目标，公司先将一定数量的股票赠与或以较低的价格授予激励对象，只有当实现预期目标后，激励对象才可将限制性股票抛售并从中获利。若预期目标没有实现，公司有权将免费赠与的限制性股票收回或将售出股票以激励对象购买时的原价回购。优点是在限制期间公司不需要支付现金对价，便能够留住人才。缺点是缺乏一个能推动股价上涨的激励机制，在企业股价下降的时候，激励对象仍能获得股份，这样可能达不到激励的效果，并使股东遭受损失。

19.【答案】A

【解析】企业第四季度最低借款额 = 18 500 + 10 000 + 500 + 借款额 × 8%/4，最低借款额 = 29 591.84 元，由于借款金额是 1 000 元的整数倍，所以借款额为 30 000 元。

20.【答案】A

【解析】应收账款的年初余额是在 1 月初，应收账款的年末余额是在 12 月末，这两个月份都是该企业的生产经营淡季，应收账款的数额较少，因此用这两个月的应收账款余额平均数计算出的应收账款周转速度会比较高。

二、多项选择题

1.【答案】BCD

【解析】可以通过投资组合予以分散的风险是非系统性风险。非系统性风险是指发生于个别公司的特有事件造成的风险。例如，一家公司的工人罢工、新产品开发失败、失去重要的销售合同、诉讼失败或者宣告发现新矿藏、取得一个重要合同等。选项 B、C、D 正确，选项 A 会引起系统性风险。

2.【答案】BC

【解析】任何投资项目，如果它预期的投资收益率超过该项目使用资金的资本成本率，则该项目在经济上就是可行的。因此，资本成本是企业用以确定项目要求达到的投资收益率的最低标准，选项 B 错误；资本成本是取得资本使用权所付出的代价，选项 C 错误。

3.【答案】ABD

【解析】销售百分比法首先假设某些资产与销售额存在稳定的百分比关系，根据销售与资产的比例关系预计资产额，根据资产额预计相应的负债和所有者权益，进而确定筹资需求量，选项 A、B 是正确的；预计由于销售增长而需要的资金需求增长额，扣除利润留存后，即为所需要的外部筹资额。因此，选项 C 是错误的；外部融资需求量 = $A/S_1 \times \Delta S - B/S_1 \times \Delta S - P \times E \times S_2$，式中，A 表示随销售而变化的敏感性资产；B 表示随销售而变化的敏感性负债；S_1 表示基期销售额；S_2 表示预测期销售额；ΔS 表示销售变动额；P 表示销售净利率；E 表示利润留存率；A/S_1 表示敏感性资产与销售额的关系百分比；B/S_1 表示敏感性负债与销售额的关系百分比。根据式中的变量，选项 D 说法是正确的。

4.【答案】BC

【解析】静态回收期不考虑时间价值，通常会小于动态回收期，选项 A 错误；动态回收期是未来现金净流量的现值等于原始投资额现值时所经历的时间。动态回收期短于项目的寿命期，所以项目未来现金净流量现值大于项目原始投资额现值。净现值 = 未来现金净流量现值 - 原始投资额现值，故净现值 >0，选项 B 正确；若原始投资一次支出且每年净现金流量相等，静态回收期 = 原始投资/每年等额的净现金流量 = 计算内含收益率所使用的年金现值系数，选项 C 正确；回收期法没有考虑回收期后的现金流量，选项 D 错误。

5.【答案】ACD

【解析】息税前利润 =（单价 - 单位变动成本）× 销售量 - 固定成本，固定成本同利润反方向变动，因此，固定成本对利润的敏感系数为负数，选项 B 的表述错误。

6.【答案】ABD

【解析】价格型内部转移定价是指以市场价格为基础，由成本和毛利构成的内部转移价格，一般适用于内部利润中心。

7.【答案】ABCD

【解析】确定股利支付率水平的高低，取决于企业对下列因素的权衡：（1）企业所处的成长周期；（2）企业的投资机会；（3）企业的筹资能力及筹资成本；（4）企业的资本结构；（5）股利的信号传递功能；（6）借款协议及法律限制；（7）股东偏好；（8）通货膨胀等因素。

8.【答案】ABCD

【解析】财务绩效定量评价是指对企业一定期间的盈利能力、资产质量、债务风险和经营增长四个方面进行定量对比分析和评判。

9.【答案】BC

【解析】管理层讨论与分析是上市公司定期报告中管理层对于本企业过去经营状况的评价分析以及对企业未来发展趋势的前瞻性判断，选项 A 错误。管理层讨论与分析是上市公司定期报告的重要组成部分。其信息披露在上市公司中期报告"管理层讨论与分析"部分以及年度报告中的"董事会报告"部分出现，管理层讨论与分析披露原则是强制与自愿相结合，选项 D 错误。

10.【答案】ABC

【解析】杜邦分析体系是以净资产收益率为起点，以总资产净利率和权益乘数为基础，重点揭示企业盈利能力及权益乘数对净资产收益率的影响，以及各相关指标间的相互影响和作用关系。

三、判断题

1.【答案】√

【解析】无风险利率即无风险收益率，指无风险资产的收益率，由纯利率（货币时间价值）和通货膨胀补偿率两部分组成，通常用短期国债的利率近似表示无风险收益率。

2.【答案】√

【解析】弹性预算的公式法的优点是在一定范围内预算可以随业务量变动而变动，可比性和适应性强，编制预算的工作量相对较小；其缺点是按公式进行成本分解比较麻烦，对每个费用子项目甚至细目逐一进行成本分解，工作量很大。

3.【答案】√

【解析】债务资本，是企业按合同向债权人取得的，在规定期限内需要清偿的债务。由于债务资金到期要归还本金和支付利息，债权人对企业的经营状况不承担责任，因而债务资金具有较大的财务风险，但付出的资本成本相对较低。而股权资本一般不用偿还本金，形成企业的永久性资本，因此财务风险小，但资本成本相对较高。因此本题说法是正确的。

4.【答案】√

【解析】股权筹资的方式主要有吸收直接投资、发行股票、利用留存收益。股权资本由于一般不用还本，形成了企业的永久性资本，因而财务风险小，但付出的资本成本相对较高。

5.【答案】√

【解析】筹资费，是指企业在资本筹措过程中为获取资本而付出的代价，如向银行支付的借款手续费，因发行股票、公司债券而支付的发行费等。筹资费用通常在资本筹集时一次性发生，在资本使用过程中不再发生，因此，其被视为筹资数额的一项扣除。

6.【答案】×

【解析】证券资产不能脱离实体资产而完全独立存在，但证券资产的价值不是完全由实体资产的现实生产经营活动决定的，而是取决于契约性权利所能带来的未来现金流量，是一种未来现金流量折现的资本化价值。

7.【答案】×

【解析】随着订货批量的增加，企业的存货总成本随着订货量的增加先呈现递减趋势，此时是反向变化；在变动订货成本和变动储存成本相等时，企业的总成本达到最低；然后随着订货量的增加再提高，此时是正向变化。所以本题的说法不正确。

8．【答案】√

【解析】本题考查作业业绩考核。若要评价作业流程的执行情况，必须建立业绩指标，可以是财务指标，也可以是非财务指标，非财务指标主要体现在效率、质量和时间三个方面，如投入产出比、次品率、生产周期等。

9．【答案】√

【解析】本题考查的是利润分配制约因素。根据法律规定，在进行利润分配时，一般应当贯彻"无利不分"的原则，即当企业出现年度亏损时，一般不进行利润分配。

10．【答案】×

【解析】净收益营运指数＝经营净收益/净利润，其中，经营净收益＝净利润－非经营净收益，净收益营运指数越小，非经营收益所占比重越大，收益质量越差。

四、计算分析题

1．【答案】

（1）长期借款的资本成本率＝4.8%×（1－25%）＝3.6%

（2）发行债券的资本成本率＝5 600×6%×（1－25%）/6 000＝4.2%

（3）普通股的资本成本率＝4%＋1.5×（10%－4%）＝13%

（4）平均资本成本率＝3.6%×3 000/20 000＋4.2%×6 000/20 000＋13%×11 000/20 000＝8.95%。

2．【答案】

（1）信用条件改变前没有现金折扣。

现金折扣成本增加额＝信用条件改变后现金折扣＝赊销收入×享受现金折扣比例×现金折扣率＝5 000×50%×2%＝50（万元）

（2）应收账款平均收现期＝10×50%＋40×50%＝25（天）

（3）应收账款机会成本增加额

＝（赊销收入/360）×（信用条件改变后的应收账款平均收现期－信用条件改变前的应收账款平均收现期）×变动成本率×资本成本

＝（5 000/360）×（25－40）×50%×12%

＝－12.5（万元）

（4）税前利润增加额

＝减少的坏账损失和收账费用－应收账款机会成本增加额－现金折扣成本增加额

＝100－（－12.5）－50

＝62.5（万元）

提供现金折扣的信用条件可行。理由：提供现金折扣能够增加税前利润。

【提示】成本费用减少额等同于收益增加额，税前利润增加额＝收益增加额－成本费用增加额。

（5）A 产品的变动制造费用标准分配率

＝标准变动制造费用总额/标准总工时

＝4 550 000/70 000 ＝65 （元/小时）

A 产品的变动制造费用实际分配率

＝实际变动制造费用总额/实际总工时

＝5 292 000/75 600 ＝70 （元/小时）

A 产品的变动制造费用效率差异

＝（实际工时－实际产量×单位标准工时）×变动制造费用标准分配率

＝（75 600 －36 000 ×2）×65

＝234 000 （元）。

3.【答案】

（1）由于采用固定股利政策，则 2024 年支付的现金股利为 3 000 万元。

2024 年股利支付率＝3 000/12 000 ×100% ＝25%

（2）2024 年股利支付率＝2022 年股利支付率＝3 000/10 000 ×100% ＝30%

（3）投资需要的权益资金＝8 000 ×3/5 ＝4 800 （万元）

股利支付率＝（12 000 －4 800）/12 000 ×100% ＝60%

（4）额外股利＝（12 000 －2 000）×16% ＝1 600 （万元）

股利支付率＝（2 000 ＋1 600）/12 000 ×100% ＝30%

（5）①剩余股利政策的优点：保持理想的资本结构，加权平均资本成本最低。

剩余股利政策的缺点：受到当年盈利水平和未来投资规模影响，每年股利发放额不稳定。

②固定股利政策的优点：稳定的股利向市场传递着公司正常发展的信息，有利于树立公司良好形象，增强投资者对公司的信心，稳定股票的价格；稳定的股利有利于投资者安排股利收入和支出；股票市场受到多种因素影响，其中包括股东的心理状态和其他要求，稳定的股利可能要比降低股利或降低股利增长率对稳定股价更为有利。

固定股利政策的缺点：股利的支付与盈余脱节，可能造成公司资金短缺；不能像剩余股利政策那样保持较低的资本成本。

③固定股利支付率政策的优点：使股利与公司盈余紧密结合，以体现多盈多分、少盈少分、无盈不分的原则。

固定股利支付率政策的缺点：各年的股利变动较大，极易造成公司不稳定的感觉，对稳定股票价格不利。

④低正常股利加额外股利政策的优点：具有较大灵活性，有利于股东增强对公司的信心，有利于股票价格稳定；可使那些依靠股利度日的股东每年至少可以得到虽然较低但比较稳定的股利收入，从而吸引住这部分股东。

低正常股利加额外股利政策的缺点：由于各年度之间公司盈利的波动使得额外股

利不断变化，造成分派的股利不同，容易给投资者造成收益不稳定的感觉。当公司在较长时间持续发放额外股利后，可能会被股东误认为"正常股利"，一旦取消，传递出的信号可能会使股东认为这是公司财务状况恶化的表现，进而导致股价下跌。

五、综合题

1.【答案】

（1）根据企业 A、B、C 相关财务数据，计算 $\beta_{资产}$：

A 公司 $\beta_{资产} = 1.10/[1 + (1 - 15\%) \times 4/6] = 0.7021$

B 公司 $\beta_{资产} = 1.20/[1 + (1 - 25\%) \times 5/5] = 0.6857$

C 公司 $\beta_{资产} = 1.40/[1 + (1 - 20\%) \times 6/4] = 0.6364$

平均的 $\beta_{资产} = (0.7021 + 0.6857 + 0.6364)/3 = 0.6747$

按照甲公司的目标资本结构转换为适用于本公司的 $\beta_{权益}$：

甲公司的 $\beta_{权益} = 0.6747 \times [1 + (1 - 25\%) \times 4/6] = 1.0121$

根据资本资产定价模型计算权益资本成本：

权益资本成本 $= 5\% + 1.0121 \times (10\% - 5\%) = 10.06\%$

项目折现率 = 加权平均资本成本 $= 10\% \times (1 - 25\%) \times 40\% + 10.06\% \times 60\% = 9\%$

（2）年折旧 $= 5\,000 \times (1 - 5\%)/10 = 475$（万元）

0 时点的现金净流量 $= -5\,000 - 300 = -5\,300$（万元）

第 1~2 年每年的营业现金净流量 $= [200 \times (10 - 6) - 120] \times (1 - 25\%) + 475 \times 25\% = 628.75$（万元）

第 3~6 年每年的营业现金净流量 $= [400 \times (10 - 6) - 120] \times (1 - 25\%) + 475 \times 25\% = 1\,228.75$（万元）

第 7 年年末账面净值 $= 5\,000 - 475 \times 7 = 1\,675$（万元）

第 7 年的现金净流量 $= 1\,228.75 + 1\,200 + (1\,675 - 1\,200) \times 25\% + 300 = 2\,847.5$（万元）

净现值 $= -5\,300 + 628.75 \times (P/A, 9\%, 2) + 1\,228.75 \times (P/A, 9\%, 4) \times (P/F, 9\%, 2) + 2\,847.5 \times (P/F, 9\%, 7) = -5\,300 + 628.75 \times 1.7591 + 1\,228.75 \times 3.2397 \times 0.8417 + 2\,847.5 \times 0.5470 = 714.24$（万元）

因为净现值大于 0，所以项目可行。

（3）

单位：万元

时点	0	1	2	3	4	5	6	7
现金净流量	-5 300	628.75	628.75	1 228.75	1 228.75	1 228.75	1 228.75	2 847.5
累计现金净流量	-5 300	-4 671.25	-4 042.5	-2 813.75	-1 585	-356.25	872.5	3 720

静态回收期 $= 5 + 356.25/1\,228.75 = 5.29$（年）。

2. 【答案】

（1）判断高低点：由于本题中 2023 年的销售收入最高，2019 年的销售收入最低，因此判定高点是 2023 年，低点是 2019 年。

①每元销售收入占用变动现金 =（750 – 700）/（12 000 – 10 000）= 0.025（元）

②根据低点公式，销售收入占用不变现金总额 = 700 – 0.025 × 10 000 = 450（万元）。

或：根据高点公式，销售收入占用不变现金总额 = 750 – 0.025 × 12 000 = 450（万元）。

（2）①按步骤建立总资产需求模型：

a = 1 000 + 570 + 1 500 + 4 500 = 7 570（万元）

b = 0.05 + 0.14 + 0.25 = 0.44（元）

总资产需求模型：y = 7 570 + 0.44x。

②a = 1 000 + 570 + 1 500 + 4 500 – 300 – 390 = 6 880（万元）

b = 0.05 + 0.14 + 0.25 – 0.1 – 0.03 = 0.31（元）

总资金需求模型：y = 6 880 + 0.31x。

2024 年资金需求总量 = 6 880 + 0.31 × 20 000 = 13 080（万元）

③2024 年需要新增资金 = 13 080 –（12 000 – 1 500 – 750）= 3 330（万元）

2024 年外部筹资额 = 3 330 – 100 = 3 230（万元）

或：2024 年需要新增资产 =（7 570 + 0.44 × 20 000）– 12 000 = 4 370（万元）

2024 年新增敏感性负债（自发性负债）

=［（300 + 390）+（0.1 + 0.03）× 20 000］–（1 500 + 750）

= 1 040（万元）

2024 年需要新增资金

= 新增资产 – 新增敏感性负债（自发性负债）

= 4 370 – 1 040

= 3 330（万元）

2024 年外部筹资额 = 3 330 – 100 = 3 230（万元）

（3）①2024 年预计息税前利润 = 15 000 × 12% = 1 800（万元）

②增发普通股方式下的股数 = 300 + 100 = 400（万股）

增发普通股方式下的利息 = 500 万元

增发债券方式下的股数 = 300 万股

增发债券方式下的利息 = 500 + 850 × 10% = 585（万元）

根据：（EBIT – 500）×（1 – 25%）/400 =（EBIT – 585）×（1 – 25%）/300，

求得：EBIT = 840 万元。

③由于 2024 年预计息税前利润 1 800 万元大于每股收益无差别点的息税前利润 840 万元，故应选择方案 2（发行债券）筹集资金，因为选择发行债券方式筹资比选择增发普通股方式筹资的每股收益高。

④增发新股的资本成本 = 0.5 ×（1 + 5%）/8.5 + 5% = 11.18%。

2024 年度中级会计资格
《财务管理》全真模拟试题（六）
答案速查、参考答案及解析

答案速查

一、单项选择题

1. A	2. A	3. B	4. B	5. D
6. A	7. B	8. B	9. B	10. B
11. D	12. A	13. A	14. A	15. D
16. D	17. C	18. D	19. C	20. B

二、多项选择题

1. BCD	2. ABD	3. CD	4. AC	5. ACD
6. BC	7. BCD	8. AD	9. BD	10. ABC

三、判断题

1. ×	2. ×	3. ×	4. √	5. √
6. ×	7. ×	8. ×	9. ×	10. √

参考答案及解析

一、单项选择题

1. 【答案】A

【解析】作为实体的企业，各所属单位之间往往具有某种业务上的联系，特别是那些实施纵向一体化战略的企业，要求各所属单位保持密切的业务联系。各所属单位之间业务联系越密切，就越有必要采用相对集中的财务管理体制（题中的企业集团是一个上下游密切关联的产业集团，因此适合采用集权型）。企业意欲采用集权型财务管理体制，除了企业管理高层必须具备高度的素质能力外，在企业内部还必须有一个能及时、准确地传递信息的网络系统（题中的企业集团内部信息化管理基础较好，符合采取集权型财务管理体制的条件），所以本题正确答案为选项 A。

2. 【答案】A

【解析】项目 X 收益率的标准差率 = 5%/10% = 50%，项目 Y 收益率的标准差率 = 5%/15% = 33.33%，项目 X 收益率的标准差率大于项目 Y 收益率的标准差率，所以项目 X 的风险高于项目 Y 的风险，选项 A 正确。

3. 【答案】B

【解析】投资组合的 β 系数 = 20% × 0.6 + 40% × 2 + 40% × 1.4 = 1.48，投资组合的必要收益率 = 4% + 1.48 × (10% − 4%) = 12.88%，选项 B 正确。

4. 【答案】B

【解析】单位变动维修成本 = (108 − 100)/(5.0 − 4.0) = 8（万元/万小时）

固定维修成本 = 108 − 8 × 5.0 = 68（万元）

或：　　　　 = 100 − 4.0 × 8 = 68（万元）

维修成本的一般方程式为：Y = 68 + 8X。

5. 【答案】D

【解析】下一季度的销售费用预算 = 40 + 120 × 0.6 = 112（万元）。

6. 【答案】A

【解析】直接筹资是企业直接与资金供应者协商融通资金的筹资活动，直接筹资方式主要有发行股票、发行债券、吸收直接投资等。直接筹资方式既可以筹集股权资金，也可以筹集债务资金。

7. 【答案】B

【解析】与购买的一次性支出相比，租赁的财务风险小。因为租赁能够避免一次性支付的负担，而且租金支出是未来的、分期的，企业无须一次筹集大量资金偿还。还款时，租金可以通过项目本身产生的收益来支付，是一种基于未来的"借鸡生蛋、卖蛋还钱"的筹资方式。

8. 【答案】B

【解析】《公司法》规定，股东或者发起人不得以劳务、信用、自然人姓名、商誉、特许经营权或者设定担保的财产等作价出资，选项 B 说法错误。选项 A、C、D 说法均正确。

9. 【答案】B

【解析】本题考查的知识点是股票上市的目的。公司股票上市的目的是多方面的，主要包括：（1）便于筹措新资金。公司上市后，还可以通过增发、配股、发行可转换债券等方式进行再融资；（2）促进股权流通和转让；（3）便于确定公司价值。股票上市可能会分散公司的控制权，造成管理上的困难。

10. 【答案】B

【解析】方案一加权平均资本成本 =5% ×40% +9% ×10% +12% ×50% =8.9%。方案二加权平均资本成本 =5% ×20% +9% ×80% =8.2%。方案三加权平均资本成本 =9% ×50% +12% ×50% =10.5%。应选择加权平均资本成本最低的方案二。

11. 【答案】D

【解析】财务杠杆系数 =EPS 变动百分比/EBIT 变动百分比，因此 2023 年 EPS 增长率 =20% ×3 =60%，则普通股收益 =100 ×（1 +60%）=160（万元）。

12. 【答案】A

【解析】若每年现金净流量不相等时，设 M 是收回原始投资额的前一年，即：静态回收期 =M + 第 M 年的尚未回收额/第（M +1）年的现金净流量，所以选项 A 错误。

13. 【答案】A

【解析】动态回收期是未来现金净流量的现值等于原始投资额现值时所经历的时间。本题中动态回收期短于项目的寿命期，所以项目未来现金净流量现值大于项目原始投资额现值。净现值 = 未来现金净流量现值 – 原始投资额现值，故净现值 >0。"动态回收期短于项目的寿命期"，说明原始投资额现值被弥补完之后，项目仍在继续经营，未来仍有现金流入企业，所以项目未来现金净流量现值大于项目原始投资额现值。

14. 【答案】A

【解析】投资项目的年金净流量 =（180 ×7.0 –840）/7.0 =60（万元）。

15. 【答案】D

【解析】每日平均需用量 d =7 200/360 =20（吨），再订货点 =B +L ×d =2 ×20 +3 ×20 =100（吨）。

16. 【答案】D

【解析】应收账款的成本主要有机会成本、管理成本和坏账成本，应收账款的管理成本主要是指在进行应收账款管理时所增加的费用。主要包括调查顾客信用状况的费用、收集各种信息的费用、账簿的记录费用、收账费用、数据处理成本、相关管理人员成本和从第三方购买信用信息的成本等。选项 D 属于应收账款的机会成本。

17.【答案】C

【解析】存货经济订货批量 $= \sqrt{\dfrac{2 \times 存货年需要量 \times 每次订货变动成本}{单位变动储存成本}}$，所以选项 C 不影响存货经济订货批量。

18.【答案】D

【解析】息税前利润 = 边际贡献 − 固定成本 = 销售收入 × 边际贡献率 − 盈亏平衡点销售额 × 边际贡献率 =（销售收入 − 盈亏平衡点销售额）× 边际贡献率 = 安全边际额 × 边际贡献率 = 安全边际率 × 边际贡献，所以选项 D 不正确。

19.【答案】C

【解析】直接材料用量差异 =（实际用量 − 实际产量下标准用量）× 标准价格 =（1 200 − 60 × 18）× 270 = 32 400（元）。

20.【答案】B

【解析】本题考查作业动因类型。强度动因是不易按照频率、次数或执行时间进行分配而需要直接衡量每次执行所需资源的成本动因，包括特别复杂产品的安装、质量检验等，选项 B 正确。

二、多项选择题

1.【答案】BCD

【解析】利润最大化目标可能导致企业短期财务决策倾向，而且没有考虑风险因素，其他三个目标都能不同限度地避免企业短期行为，并考虑了风险因素。

2.【答案】ABD

【解析】实际收益率表示已经实现或者确定可以实现的资产收益率，表述为已实现或确定可以实现的利息（股息）率与资本利得收益率之和。当存在通货膨胀时，还应当扣除通货膨胀率的影响，剩余的才是真实的收益率。一般按照加权平均法计算预期收益率；无风险收益率也称无风险利率，它是指无风险资产的收益率，它的大小由纯粹利率（货币时间价值）和通货膨胀补偿率两部分组成。必要收益率 = 无风险收益率 + 风险收益率。无风险收益率 = 纯粹利率 + 通货膨胀率。因此，正确选项是 A、B、D。

3.【答案】CD

【解析】混合性筹资动机一般是基于企业规模扩张和调整资本结构两种目的。降低资产负债率是为了降低财务风险，优化资本结构，合理利用财务杠杆效应，属于调整性筹资动机，但调整性筹资动机还包括另一种情况：偿还到期债务，债务结构内部调整，因此选项 A 表述不全。降低经营风险属于支付性筹资动机的目的，因此选项 B 不是本题答案。

4.【答案】AC

【解析】吸收直接投资的出资方式包括：（1）以货币资产出资；（2）以实物资产出资；（3）以土地使用权出资；（4）以知识产权出资。其中知识产权通常是指专有技术、商标权、专利权、非专利技术等无形资产。此外，国家相关法律法规对无形资产出资方式另有限制，股东或者发起人不得以劳务、信用、自然人姓名、商誉、特许经营权或者设定担保的财产等作价出资；（5）以特定债权出资。因此选项 A、C 正确。

5.【答案】ACD

【解析】目标价值权数的确定，可以选择未来的市场价值，也可以选择未来的账面价值。选项 B 错误。

6.【答案】BC

【解析】内含收益率是使净现值等于 0 时的折现率，内含收益率大于必要报酬率时，项目的净现值大于 0，未来现金净流量现值大于原始投资额现值，现值指数大于 1，年金净流量大于 0。静态回收期会小于项目寿命期，但是不能说静态回收期小于项目寿命期的一半。

7.【答案】BCD

【解析】销售额不稳定且难以预测，公司存在显著风险，流动资产将保持较高的存量水平，此时为宽松的流动资产投资策略，选项 A 不正确。融资困难的企业，通常采用紧缩的流动资产投资策略，选项 B 正确。销售边际毛利较高的产业，宽松的信用政策可能为企业带来更可观的收益，反之采用紧缩的流动资产投资策略，选项 C 正确。保守的决策者更倾向于宽松的流动资产投资策略，而风险承受能力较强的决策者则倾向于紧缩的流动资产投资策略，选项 D 正确。

8.【答案】AD

【解析】短期融资券是由企业依法发行的无担保短期本票，选项 B 错误。短期融资券发行和交易的对象是银行间债券市场的机构投资者，不向社会公众发行和交易，选项 C 错误。

9.【答案】BD

【解析】在通常情况下，利润中心采用利润作为业绩考核指标，分为边际贡献、可控边际贡献和部门边际贡献，所以选项 B、D 正确。对投资中心的业绩进行评价时，不仅要使用利润指标，还需要计算、分析利润与投资的关系，主要有投资收益率和剩余收益等指标，所以选项 A、C 错误。

10.【答案】ABC

【解析】本题考查股票股利。发放股票股利增加的股数 = 3 000 × 1/10 = 300（万股），发放后的股本 = 3 000 + 300 × 3 000/3 000 = 3 300（万元），选项 A 正确。发放后的未分配利润 = 5 000 − 300 × 10 = 2 000（万元），选项 B 正确。发放股票股利，不改变所有者权益总额，因此发放股票股利后的所有者权益总额 = 发放股票股利前的所有者权益总额 = 3 000 + 5 000 + 2 000 + 2 000 = 12 000（万元），选项 C 正确。发放股票股利，不会改变盈余公积，仍为 2 000 万元，选项 D 错误。

三、判断题

1.【答案】×

【解析】金融工具是指形成一方的金融资产并形成其他方的金融负债或权益工具的合同。借助金融工具，资金从供给方转移到需求方。

2.【答案】×

【解析】生产预算是为规划预算期生产规模而编制的一种经营预算，它是在销售预算的基础上编制的，并可以作为编制直接材料预算和产品成本预算的依据。

3.【答案】×

【解析】能在直接材料预算中找到的项目包括产品产量、材料单耗、材料总耗用量、期初材料存量、期末材料存量、材料采购量、材料单价、材料采购金额等，没有产品销量。

4.【答案】√

【解析】短期融资券的筹资特点如下：（1）筹资成本较低。相对于发行企业债券筹资而言，发行短期融资券的筹资成本较低。（2）筹资数额比较大。相对于银行借款筹资而言，短期融资券一次性的筹资数额比较大。（3）发行条件比较严格。

5.【答案】√

【解析】资本结构的代理理论认为，债务筹资具有很强的激励作用，并将债务视为一种担保机制。这种机制能够促使经理多努力工作，少个人享受，并且作出更好的投资决策，从而降低股权代理成本。但是，债务筹资可能带来另一种代理成本，即企业接受债权人监督而产生的债务代理成本。均衡的企业所有权结构是由股权代理成本和债务代理成本之间的平衡关系来决定的。

6.【答案】×

【解析】优序融资理论认为，从成熟的证券市场来看，企业的筹资优序模式首先是内部筹资，其次是借款、发行债券、可转换债券筹资，最后是发行新股筹资。

7.【答案】×

【解析】信贷额度亦即贷款限额，是借款企业与银行在协议中规定的借款最高限额，信贷额度的有效期限通常为 1 年。一般情况下，在信贷额度内，企业可以随时按需要支用借款。但是，银行并不承担必须支付全部信贷数额的义务。

8.【答案】×

【解析】本题考查纳税筹划的原则。合法性原则是企业纳税筹划的首要原则。因此，本题的说法错误。

9.【答案】×

【解析】"手中鸟"理论认为公司的股利政策与公司的股票价格是密切相关的，即当公司支付较高的股利时，公司的股票价格会随之上升，公司价值将得到提高。

10.【答案】√

【解析】对于认股权证和股份期权，在计算稀释每股收益时，分子的净利润并不发生变化。所以作为分子的净利润金额一般不变。

四、计算分析题

1. 【答案】

（1）二月末预计应收账款余额 = 二月销售额 × 60% = 1 200 × 1 000 × 60% = 720 000（元）

（2）二月末预计存货余额 = 1 500 × 30% × 70 = 31 500（元）

二月采购量 = 本期销售量 + 期末产成品数量 − 期初产成品数量 = 1 200 + 1 500 × 30% − 1 200 × 30% = 1 290（件）

二月末预计应付账款余额 = 二月采购额 × 20% = 1 290 × 70 × 20% = 18 060（元）

（3）设长期借款金额为 X 元。

$-15\ 000 + X - X \times 8\% / 4 \geqslant 4\ 500$

解得：$X \geqslant 19\ 897.96$（元）

因为借款金额要求是 10 000 元的整数倍，所以长期借款金额为 20 000 元。

第一季度末预计货币资金余额 = $-15\ 000 + 20\ 000 - 20\ 000 \times 8\% / 4 = 4\ 600$（元）。

2. 【答案】

（1）A = 16 000 + 1 200 = 17 200（千克）

B = 14 000 × 5 + 1 300 = 71 300（千克）

C = 1 200 千克

D = 3 200 × 5 + 1 000 − 2 000 = 15 000（千克）

E = 693 000/10 = 69 300（千克）

（2）第一季度采购支出 = 150 000 × 40% + 80 000 = 140 000（元）

第四季度末应付账款 = 201 000 × 60% = 120 600（元）

（3）乙材料的单位标准成本 = 5 × 10 = 50（元/件）

（4）材料成本差异 = 20 400 × 9 − 3 400 × 5 × 10 = 13 600（元）

材料价格差异 = (9 − 10) × 20 400 = −20 400（元）

材料用量差异 = 10 × (20 400 − 3 400 × 5) = 34 000（元）

（5）材料差异的主要原因是生产部门耗用材料超过标准，所以企业应该查明材料用量超标的具体原因，以便改进工作，节约材料。

3. 【答案】

（1）①年固定成本总额 = 450/15 + (400 + 100) × 0.24 + 300/10 = 180（万元）

②单位变动成本 = 40 × 50% + 40 × 10% = 24（元）

边际贡献率 = (40 − 24)/40 × 100% = 40%

③盈亏临界点的销售额 = 180/40% = 450（万元）

盈亏平衡作业率 = 450/(40 × 15) = 75%

④正常销售量的安全边际率 = 1 − 75% = 25%

（2）①利润 = (单价 − 单位变动成本) × 销售量 − 固定成本，则 100 = (40 − 24) × 销售量 − 180，销售量 = 17.5 万件。

②单价上升 5%，利润 $=40 \times (1 + 5\%) \times (1 - 50\% - 10\%) \times 17.5 - 180 = 114$（万元），利润变化率 $=(114 - 100)/100 = 14\%$，利润对单价的敏感系数 $=14\%/5\% = 2.8$。

（3）单价 $\times (1 - 50\% - 10\%) \times 20 - 180 = 100$（万元），可以接受的最低单价 $=35$ 元。

五、综合题

1.【答案】

（1）①息税前利润 $=45\,000 \times (240 - 200) - 1\,200\,000 = 600\,000$（元）

②盈亏平衡点销售量 $=1\,200\,000/(240 - 200) = 30\,000$（件）

盈亏平衡点销售额 $=30\,000 \times 240 = 7\,200\,000$（元）

（2）①经营杠杆系数 $=45\,000 \times (240 - 200)/600\,000 = 3$

②财务杠杆系数 $=600\,000/(600\,000 - 4\,000\,000 \times 5\%) = 1.5$

③总杠杆系数 $=3 \times 1.5 = 4.5$

（3）2023 年每股收益 $=(600\,000 - 4\,000\,000 \times 5\%) \times (1 - 25\%)/800\,000 = 0.375$（元/股）

（4）①盈亏平衡点销售量 $=1\,800\,000/(240 - 150) = 20\,000$（件）

②安全边际率 $=1 - 20\,000/45\,000 = 55.56\%$

③息税前利润 $=45\,000 \times (240 - 150) - 1\,800\,000 = 2\,250\,000$（元）

（5）$(EBIT - 4\,000\,000 \times 5\% - 6\,000\,000 \times 6\%) \times (1 - 25\%)/800\,000 = (EBIT - 4\,000\,000 \times 5\%) \times (1 - 25\%)/(800\,000 + 200\,000)$

解得：每股收益无差别点 $EBIT = 2\,000\,000$ 元。

生产线更新后息税前利润大于每股收益无差别点息税前利润，甲公司应选择向银行借款的融资方案。

（6）债券资本成本 $=[1\,000 \times 8\% \times (1 - 25\%)]/900 = 6.67\%$。

2.【答案】

（1）2025 年需要增加的营运资金 $=6\,000 \times 25\% \times [(3\,000/6\,000) - (900/6\,000)] = 525$（万元）

（2）2025 年需要增加对外筹集的资金 $=525 + 200 + 100 - 6\,000 \times (1 + 25\%) \times 10\% \times 50\% = 450$（万元）

（3）2025 年末的流动资产额 $=300 + 900 + 1\,800 + 6\,000 \times 25\% \times [(300 + 900 + 1\,800)/6\,000] = 3\,750$（万元）

2025 年末的流动负债额 $=300 + 600 + 6\,000 \times 25\% \times [(300 + 600)/6\,000] = 1\,125$（万元）

2025 年末的资产总额 $=3\,750 + 2\,100 + 300 + 200 + 100 = 6\,450$（万元）

2025 年末的负债总额 $=1\,125 + 2\,700 = 3\,825$（万元）

2025 年末的所有者权益总额 $=6\,450 - 3\,825 = 2\,625$（万元）

（4）2025 年末的速动比率 $=[3\,750 - 1\,800 \times (1 + 25\%)]/1\,125 = 1.33$

2025 年末的产权比率 $=3\,825/2\,625 = 1.46$

（5）2025 年的流动资产周转次数 = 6 000 × （1 + 25%）/[（300 + 900 + 1 800 + 3 750）/2] = 2.22（次）

2025 年的总资产周转次数 = 6 000 × （1 + 25%）/[（5 400 + 6 450）/2] = 1.27（次）

（6）2025 年的净资产收益率 = 6 000 × （1 + 25%）× 10%/[（1 200 + 600 + 2 625）/2] = 33.90%

（7）2025 年的所有者权益增长率 = （2 625 - 1 200 - 600）/（1 200 + 600）= 45.83%

2025 年的总资产增长率 = （6 450 - 5 400）/5 400 = 19.44%。

2024 年度中级会计资格
《财务管理》全真模拟试题（七）
答案速查、参考答案及解析

答案速查

一、单项选择题

1. B	2. B	3. A	4. B	5. A
6. A	7. D	8. C	9. C	10. D
11. B	12. C	13. A	14. B	15. A
16. C	17. D	18. C	19. B	20. B

二、多项选择题

1. AD	2. AB	3. ACD	4. ABC	5. BC
6. ABC	7. BD	8. AB	9. ABCD	10. ABD

三、判断题

1. ×	2. √	3. √	4. √	5. √
6. ×	7. ×	8. √	9. √	10. √

参考答案及解析

一、单项选择题

1. 【答案】B

【解析】以股东财富最大化作为财务管理目标存在的问题有：（1）通常只适用于上市公司，非上市公司难以应用。（2）股价受众多因素影响，特别是企业外部的因素，股价不能完全准确反映企业财务管理状况。（3）它强调更多的是股东利益，而对其他相关者的利益重视不够。

2. 【答案】B

【解析】选项 A 属于风险规避，选项 C 属于风险对冲，选项 D 属于风险补偿。

3. 【答案】A

【解析】当市场收益率为 10% 时，资产的必要收益率 R = 无风险收益率 + 1.5 × (10% − 无风险收益率)，当市场收益率为 8% 时，资产的必要收益率 R_1 = 无风险收益率 + 1.5 × (8% − 无风险收益率)，解得 $R - R_1$ = 3%，所以，资产的必要收益率减少了 3%，变成 R − 3%。资产的必要收益率 = R − 3%。

4. 【答案】B

【解析】根据内容不同，企业预算可以分为经营预算、专门决策预算和财务预算。经营预算，是指与企业日常业务直接相关的一系列预算，包括销售预算、生产预算、采购预算、费用预算、人力资源预算等。

5. 【答案】A

【解析】支付性筹资动机，是指为了满足经营业务活动的正常波动所形成的支付需要而产生的筹资动机。企业在开展经营活动过程中，经常会出现超出维持正常经营活动资金需求的季节性、临时性的交易支付需要，如原材料购买的大额支付、员工工资的集中发放、银行借款的偿还、股东股利的发放等。这些情况要求除了正常经营活动的资金投入以外，还需要通过经常的临时性筹资来满足经营活动的正常波动需求，维持企业的支付能力。因此，选项 A 正确。

6. 【答案】A

【解析】租赁的筹资特点包括：（1）无须大量资金就能迅速获得资产。（2）财务风险小，财务优势明显。（3）租赁筹资的限制条件较少。（4）租赁能延长资金融通的期限。（5）资本成本高。所以本题正确答案为选项 A。

7. 【答案】D

【解析】选项 A、B、C 均是债务筹资相对于股权筹资的优点。债务资本有固定的到期日，到期需要偿还，只能作为企业的补充性资本来源。再加上取得债务往往需要进行信用评级，没有信用基础的企业和新创企业，往往难以取得足额的债务资本。现有债务资本在企业的资本结构中达到一定比例后，往往由于财务风险升高而不容易再取得新的债务资金。所以，债务筹资不能形成企业稳定的资本基础。

8.【答案】C

【解析】影响财务杠杆的因素包括：企业资本结构中的债务资金比重；普通股收益水平；所得税税率水平。其中，普通股收益水平又受息税前利润、固定性资本成本高低的影响。债务成本比重越高、固定的资本成本支付额越高、息税前利润水平越低，财务杠杆效应越大，反之则相反。因此，正确选项是 C。

9.【答案】C

【解析】息税前利润对其各影响因素敏感系数的绝对值的大小，可以反映息税前利润对各影响因素敏感程度的高低，所以，选项 A 正确。息税前利润对单价的敏感系数为 3，表明当单价提高 10% 时，息税前利润将增长 30%，即息税前利润将增加 24 万元（80×30%），所以，选项 B 正确。息税前利润对单位变动成本的敏感系数为 -1.5，当公司由盈利转为不盈不亏时，即可知息税前利润的变动率为 -100%，则单位变动成本的变动率为 66.67%（-100%/-1.5），即当单位变动成本的上升幅度超过 66.67% 时，公司将转为亏损，所以，选项 C 错误。息税前利润对销售量的敏感系数即经营杠杆系数，所以，选项 D 正确。

10.【答案】D

【解析】在风险分散化的过程中，不应当过分夸大投资多样性和增加投资项目的作用。在投资实践中，经常出现以下情况：在投资组合中，投资项目增加的初期，风险分散的效应比较明显，但增加到一定程度，风险分散的效应就会减弱。有经验数据显示，当投资组合中的资产数量达到 20 个左右时，绝大多数非系统风险均已被消除，此时，如果继续增加投资项目对分散风险已没有多大实际意义。

11.【答案】B

【解析】私募股权投资基金有较大的投资收益波动性，较差的流动性与超长的投资周期，使得私募股权投资基金具有高风险、高期望收益的特征。

12.【答案】C

【解析】设投产后每年现金净流量为 A 万元，则有：内含收益率 = A×（P/A，15%，5）- 1 000 = 0，所以 A = 298.31 万元，净现值 = 298.31×（P/A，8%，5）- 1 000 = 191.06（万元）。

13.【答案】A

【解析】应收账款的年初余额反映的是 1 月初的余额，应收账款的年末余额反映的是 12 月末的余额，这两个数据都在该企业的生产经营旺季，应收账款的数额较多，因此用这两个应收账款余额的平均数计算出的应收账款周转次数会比较低，一定程度上低估了应收账款的周转速度。

14.【答案】B

【解析】应收账款证券化筹资的特点有：拓宽企业融资渠道、降低融资成本、盘活存量资产、提高资产使用效率。

15. 【答案】A

【解析】来年预计利润 = 收入 – 变动成本 – 固定成本 = 20 × 50 – 20 × 50 × (1 – 40%) – 300 = 100（万元）；假设单价增长 10%，达到 55 元，单位变动成本不变还是 30 元，由于单价变动，所以不能用原来的边际贡献率来计算；预计利润 = 20 × 55 – 20 × 30 – 300 = 200（万元）；利润变动率 = (200 – 100)/100 = 100%；单价的敏感系数 = 100%/10% = 10。

16. 【答案】C

【解析】责任成本是成本中心考核和控制的主要内容。成本中心当期发生的所有的可控成本之和就是其责任成本。

17. 【答案】D

【解析】A 产品单价 = [80 + (600 000/2 000)] × (1 + 30%)/(1 – 5%) = 520（元），选项 D 正确。

18. 【答案】C

【解析】无差别平衡点增值率 = 3%/13% = 23.08%。甲公司经销 M 商品的增值率 = (223 000 – 182 000)/223 000 = 18.39%，低于无差别平衡点增值率，则一般纳税人的税负轻于小规模纳税人的税负，甲公司适宜选择成为一般纳税人。

19. 【答案】B

【解析】普通股股东权益 = 40 000 – 800 × 5 = 36 000（万元），市净率 = 15/[36 000/(5 000 + 3 000)] = 3.33，选项 B 正确。

【点拨】本题考查了市净率指标的计算。市净率 = 每股市价/每股净资产。市净率是站在普通股股东角度计算的市场评价指标，其中分母每股净资产是期末普通股股东权益，需要扣除期末优先股股东权益。

20. 【答案】B

【解析】获取现金能力的分析指标包括营业现金比率、每股营业现金净流量、全部资产现金回收率，现金比率属于企业短期偿债能力的衡量指标。

二、多项选择题

1. 【答案】AD

【解析】集权与分权相结合型财务管理体制的集中内容包括：集中制度制定权；集中筹资、融资权；集中投资权；集中用资、担保权；集中固定资产购置权；集中财务机构设置权；集中收益分配权。分散内容包括：分散经营自主权；分散人员管理权；分散业务定价权；分散费用开支审批权。

2. 【答案】AB

【解析】投资组合的 β 系数与组合中个别品种的 β 系数有关，所以选项 A 正确；根据资本资产定价模型，必要收益率是无风险收益率与风险收益率之和，所以选项 B 正确。

3. 【答案】ACD

【解析】某期现金余缺 = 该期可运用现金合计 - 该期现金支出，而当期可运用现金合计 = 期初现金余额 + 当期现金收入，所以本题正确答案是选项 A、C、D。

4.【答案】ABC

【解析】零基预算法的优点如下：（1）以零为起点编制预算，不受历史期经济活动中的不合理因素影响，能够灵活应对内外环境的变化，预算编制更贴近预算期企业经济活动需要。（2）有助于增加预算编制透明度，有利于进行预算控制。零基预算法的缺点如下：（1）预算编制工作量较大、成本较高。（2）预算编制的准确性受企业管理水平和相关数据标准准确性影响较大。选项 D 属于增量预算法的特点。

5.【答案】BC

【解析】变动资金是指随产销量的变动而同比例变动的那部分资金。它一般包括直接构成产品实体的原材料、外购件等占用的资金。另外，在最低储备以外的现金、存货、应收账款等也具有变动资金的性质。选项 B、C 属于变动资金；不变资金是指在一定的产销量范围内，不受产销量变动的影响而保持固定不变的那部分资金。也就是说，产销量在一定范围内变动，这部分资金保持不变。这部分资金包括：为维持营业而占用的最低数额的现金，原材料的保险储备，必要的成品储备，厂房、机器设备等固定资产占用的资金。选项 A、D 属于不变资金，因此正确选项是 B、C。

6.【答案】ABC

【解析】根据资本资产定价模型计算普通股的成本，必须估计无风险利率、股票的贝塔系数以及市场风险溢价。

7.【答案】BD

【解析】两种证券收益率的相关系数为 1 时，不能抵销任何风险，选项 A 错误；当相关系数为 -1 时，该投资组合能最大限度地降低风险，选项 B 正确；只要相关系数不为 1，就可以在一定程度上分散风险，相关系数为 0 时，该投资组合能分散部分风险，选项 C 错误。通过投资组合可分散的风险为非系统风险，选项 D 正确。

8.【答案】AB

【解析】本题考查变动成本差异分析。直接材料价格差异、直接人工工资率差异、变动制造费用耗费差异均属于价格差异，选项 A、B 正确。固定制造费用的差异分析不属于严格的量差或价差分析，选项 C 错误。变动制造费用效率差异属于数量差异，选项 D 错误。

9.【答案】ABCD

【解析】股票期权模式的优点是能够降低委托代理成本、有利于降低激励成本、可以锁定期权人的风险。缺点是影响现有股东的权益、可能遭遇来自股票市场的风险、可能带来经营者的短期行为。

10.【答案】ABD

【解析】由于不同行业、不同成长阶段、不同规模等的公司，其会计调整项和加权平均资本成本各不相同，故经济增加值的可比性较差，选项 C 表述错误。

三、判断题

1.【答案】×

【解析】解聘是通过所有者约束经营者的措施，接收才是通过市场约束经营者的措施。

2.【答案】√

【解析】当两项资产的收益率完全正相关，非系统风险不能被分散，而系统风险是始终不能被分散的，所以该证券组合不能够分散风险。

3.【答案】√

【解析】年度预算要以销定产，然后根据生产的数量确定直接材料、直接人工及各种费用的消耗，因此销售预算是全面预算的出发点，也是经营预算编制的基础。

4.【答案】√

【解析】上市公司定向增发的优势在于有利于引入战略投资者和机构投资者。

5.【答案】√

【解析】现值指数法是净现值法的辅助方法，在各方案原始投资额相同时，实际上就是净现值法。对单个投资项目进行财务可行性评价是，净现值大于0，现值指数大于1，则项目可行；反之则不可行。

6.【答案】×

【解析】营运资金一般具有如下特点：营运资金的来源具有多样性；营运资金的数量具有波动性；营运资金的周转具有短期性；营运资金的实物形态具有变动性和易变现性。

7.【答案】×

【解析】作业成本法的优点有：（1）能够提供更加准确的各维度成本信息，有助于企业提高产品定价、作业与流程改进、客户服务等决策的准确性。（2）改善和强化成本控制，促进绩效管理的改进和完善。（3）推进作业基础预算，提高作业、流程、作业链（价值链）管理的能力。

8.【答案】√

【解析】采用固定或稳定增长的股利政策，要求公司对未来的盈利和支付能力作出准确的判断。固定或稳定增长的股利政策通常适用于经营比较稳定或正处于成长期的企业。

9.【答案】√

【解析】管理层讨论与分析信息大多涉及"内部性"较强的定性型软信息，无法对其进行详细的强制规定和有效监控。因此，西方国家的披露原则是强制与自愿相结合，企业可以自主决定如何披露这类信息。我国也基本实行这种原则，如中期报告中的"管理层讨论与分析"部分以及年度报告中的"董事会报告"部分，都是规定某些管理层讨论与分析信息必须披露，而另一些管理层讨论与分析信息鼓励企业自愿披露。

10.【答案】√

【解析】每股净资产显示了发行在外的每一普通股股份所能分配的企业账面净资产的价值。这里所说的账面净资产是指企业账面上的总资产减去负债后的余额，即股东权益总额。每股净资产指标反映了在会计期末每一股份在企业账面上到底值多少钱，它与股票面值、发行价格、每股市场价值乃至每股清算价值等往往有较大差距，是理论上股票的最低价值。

四、计算分析题

1. 【答案】

（1）外购零件：

①经济订货批量 $= \sqrt{\dfrac{2 \times 10 \times 3\,600}{4 \times 20\%}} = 300$（件）

②与经济订货批量相关的总成本 $= \sqrt{2 \times 10 \times 3\,600 \times 4 \times 20\%} = 240$（元）

③每日平均需求量 $= 3\,600/360 = 10$（件）

再订货点 $= 3 \times 10 + 2 \times 10 = 50$（件）

（2）自制零件：

①经济生产批量 $= \sqrt{\dfrac{2 \times 600 \times 3\,600}{3 \times 20\% \times (1 - 10/50)}} = 3\,000$（件）

②与经济生产批量相关的总成本 $= \sqrt{2 \times 600 \times 3\,600 \times 3 \times 20\% \times (1 - 10/50)} = 1\,440$（元）

（3）外购总成本 $= 3\,600 \times 4 + 240 = 14\,640$（元）

自制总成本 $= 3\,600 \times 3 + 1\,440 = 12\,240$（元）

由于自制的总成本（12 240 元）低于外购的总成本（14 640 元），故应选择自制。

2. 【答案】

（1）联合单价 $= 60 \times 2 + 90 \times 1 + 75 \times 2 = 360$（元）

（2）联合单位变动成本 $= 40 \times 2 + 60 \times 1 + 50 \times 2 = 240$（元）

（3）联合盈亏平衡点的业务量 $= 72\,000/(360 - 240) = 600$（件）

（4）A 产品盈亏平衡点的业务量 $= 600 \times 2 = 1\,200$（件）

（5）三种产品的综合边际贡献率 $= [2\,000 \times (60 - 40) + 1\,000 \times (90 - 60) + 2\,000 \times (75 - 50)]/(2\,000 \times 60 + 1\,000 \times 90 + 2\,000 \times 75) = 33.33\%$

3. 【答案】

（1）甲公司计划内 A 产品单位价格 = 单位成本 ×（1 + 成本利润率）/（1 - 消费税税率）$=(200 + 3\,000/120) \times (1 + 30\%)/(1 - 5\%) = 307.89$（元/件）

（2）甲公司计划外 A 产品单位价格 = 单位变动成本 ×（1 + 成本利润率）/（1 - 消费税税率）$= 200 \times (1 + 30\%)/(1 - 5\%) = 273.68$（元/件）

（3）因为额外订单单价为 300 元/件，高于其按变动成本计算的价格 273.68 元/件，故应接受这一计划外订单。

五、综合题

1. 【答案】

（1）普通股资本成本

= 4% + 2×（10% − 4%）

= 16%

加权平均资本成本

= 60 000 000/150 000 000×8%×（1 − 25%）+ 90 000 000/150 000 000×16%

= 12%

（2）①年折旧额 = 3 000 000/5/10 000 = 60（万元）

②营业期每年的现金净流量

= 3 000 000/10 000×（1 − 25%）− 800 000/10 000×（1 − 25%）+ 60×25%

= 180（万元）

③净现值

= − 3 000 000/10 000 + 180×（P/A，12%，5）×（P/F，12%，1）

= − 300 + 180×3.6048×0.8929

= 279.37（万元）

（3）A 方案的年金净流量

= 279.37/（P/A，12%，6）

= 279.37/4.1114

= 67.95（万元）

B 方案的年金净流量

= 2 339 300/10 000/（P/A，12%，3）

= 233.93/2.4018

= 97.4（万元）

因为 B 方案的年金净流量大于 A 方案，因此应选择 B 方案。

（4）如发行普通股筹资，则需发行股票 2 000 000/10 000/2 = 100（万股）。

根据每股收益无差别点法：

（EBIT − 60 000 000/10 000×8% − 2 000 000/10 000×9%）×（1 − 25%）/（45 000 000/10 000）=（EBIT − 60 000 000/10 000×8%）×（1 − 25%）/（45 000 000/10 000 + 100）

解得，EBIT = 1 308 万元

甲公司预计的年息税前利润 = 13 000 000/10 000 = 1 300（万元），小于每股收益无差别点，因此应选择股权筹资方法，增发股票筹资。

2. 【答案】

（1）①长期银行借款资本成本 = 6%×（1 − 25%）= 4.5%

②债券资本成本 = 7%×（1 − 25%）/（1 − 3%）= 5.41%

③优先股资本成本 = 8%/（1 − 4%）= 8.33%

④留存收益资本成本 $= 3\% + 1.5 \times (9\% - 3\%) = 12\%$

⑤加权平均资本成本 $= 2\ 000/20\ 000 \times 4.5\% + 8\ 000/20\ 000 \times 12\% + 4\ 000/20\ 000$
$\times 5.41\% + 6\ 000/20\ 000 \times 8.33\%$
$= 8.83\%$

⑥经济增加值 $= 5\ 000 - 20\ 000 \times 8.83\% = 3\ 234$ （万元）

（2）①

应付账款折扣分析表

付款日	折扣率（%）	付款额（万元）	折扣额（万元）	放弃折扣的信用成本率（%）	银行借款利息（万元）	享受折扣的净收益（万元）
第 10 天	2	490	10	14.69	3.40	6.60
第 30 天	1	495	5	12.12	2.06	2.94
第 60 天	0	500	0	0	0	0

②应当选择在第 10 天付款。

理由：在第 10 天付款，净收益为 6.60 万元；在第 30 天付款，净收益为 2.94 万元；在第 60 天付款，净收益为 0，所以应当选择净收益最大的第 10 天付款。

（3）①加权平均法。

加权平均边际贡献率 $= [12\ 000 \times (100 - 60) + 8\ 000 \times (200 - 140) + 4\ 000 \times (250 - 140)]/(12\ 000 \times 100 + 8\ 000 \times 200 + 4\ 000 \times 250)$
$= 36.84\%$

综合盈亏平衡点的销售额 $= 1\ 000\ 000/36.84\% = 2\ 714\ 440.83$ （元）

营业收入合计 $= 12\ 000 \times 100 + 8\ 000 \times 200 + 4\ 000 \times 250 = 3\ 800\ 000$ （元）

A 产品盈亏平衡点的销售额 $= 2\ 714\ 440.83 \times 12\ 000 \times 100/3\ 800\ 000 = 857\ 191.84$ （元）

B 产品盈亏平衡点的销售额 $= 2\ 714\ 440.83 \times 8\ 000 \times 200/3\ 800\ 000 = 1\ 142\ 922.46$ （元）

C 产品盈亏平衡点的销售额 $= 2\ 714\ 440.83 \times 4\ 000 \times 250/3\ 800\ 000 = 714\ 326.53$ （元）

A 产品盈亏平衡点的销售量 $= 857\ 191.84/100 = 8\ 572$ （件）

B 产品盈亏平衡点的销售量 $= 1\ 142\ 922.46/200 = 5\ 715$ （件）

C 产品盈亏平衡点的销售量 $= 714\ 326.53/250 = 2\ 857$ （件）

②联合单位法。

产品销量比 $= A : B : C = 12\ 000 : 8\ 000 : 4\ 000 = 3 : 2 : 1$

联合单价 $= 3 \times 100 + 2 \times 200 + 1 \times 250 = 950$ （元）

联合单位变动成本 $= 3 \times 60 + 2 \times 140 + 1 \times 140 = 600$ （元）

联合保本量 $= 1\ 000\ 000/(950 - 600) = 2\ 857$ （件）

A 产品盈亏平衡点的销售量 $= 2\ 857 \times 3 = 8\ 571$ （件）

B 产品盈亏平衡点的销售量 $= 2\ 857 \times 2 = 5\ 714$ （件）

C 产品盈亏平衡点的销售量 $= 2\ 857 \times 1 = 2\ 857$ （件）

A 产品盈亏平衡点的销售额 $= 8\,571 \times 100 = 857\,100$（元）

B 产品盈亏平衡点的销售额 $= 5\,714 \times 200 = 1\,142\,800$（元）

C 产品盈亏平衡点的销售额 $= 2\,857 \times 250 = 714\,250$（元）

③分算法。

A 产品边际贡献 $= (100 - 60) \times 12\,000 = 480\,000$（元）

B 产品边际贡献 $= (200 - 140) \times 8\,000 = 480\,000$（元）

C 产品边际贡献 $= (250 - 140) \times 4\,000 = 440\,000$（元）

边际贡献总额 $= 480\,000 + 480\,000 + 440\,000 = 1\,400\,000$（元）

分配给 A 产品的固定成本 $= 480\,000 \times 1\,000\,000 / 1\,400\,000 = 342\,857.14$（元）

分配给 B 产品的固定成本 $= 480\,000 \times 1\,000\,000 / 1\,400\,000 = 342\,857.14$（元）

分配给 C 产品的固定成本 $= 440\,000 \times 1\,000\,000 / 1\,400\,000 = 314\,285.72$（元）

A 产品的盈亏平衡点的销售量 $= 342\,857.14 / (100 - 60) = 8\,571$（件）

A 产品的盈亏平衡点的销售额 $= 8\,571 \times 100 = 857\,100$（元）

B 产品的盈亏平衡点的销售量 $= 34\,2857.14 / (200 - 140) = 5\,714$（件）

B 产品的盈亏平衡点的销售额 $= 5\,714 \times 200 = 1\,142\,800$（元）

C 产品的盈亏平衡点的销售量 $= 314\,285.72 / (250 - 140) = 2\,857$（件）

C 产品的盈亏平衡点的销售额 $= 2\,857 \times 250 = 714\,250$（元）。

2024 年度中级会计资格
《财务管理》全真模拟试题（八）
答案速查、参考答案及解析

答案速查

一、单项选择题

1. A	2. A	3. D	4. B	5. B
6. C	7. D	8. B	9. C	10. D
11. C	12. D	13. A	14. B	15. C
16. D	17. A	18. C	19. D	20. B

二、多项选择题

1. BD	2. BD	3. AB	4. BC	5. ABC
6. CD	7. ABCD	8. ABC	9. ABC	10. AD

三、判断题

1. √	2. ×	3. ×	4. ×	5. √
6. √	7. ×	8. √	9. ×	10. ×

参考答案及解析

一、单项选择题

1.【答案】A

【解析】经济发展与运行大体上经历复苏、繁荣、衰退和萧条几个阶段的循环,这种循环叫作经济周期。在经济周期的不同阶段,企业应采用不同的财务管理战略,处于复苏阶段的企业:(1)增加厂房设备;(2)实行长期租赁;(3)建立存货储备;(4)开发新产品;(5)增加劳动力。

2.【答案】A

【解析】(1)求系数:$100 \times (F/P, i, 8) = 200$,$(F/P, i, 8) = 200/100 = 2$;(2)使用插值法:$(i - 9\%)/(10\% - 9\%) = (2 - 1.9926)/(2.1436 - 1.9926)$,$i \approx 9.05\%$。

3.【答案】D

【解析】风险对策包括风险规避、风险承担、风险转移、风险转换、风险对冲、风险补偿和风险控制七个对策。选项 A 属于风险转移对策,选项 B 属于风险对冲对策,选项 C 属于风险规避对策。

4.【答案】B

【解析】约束性固定成本是指管理当局的短期经营决策行动不能改变其数额的固定成本。例如,房屋租金、固定的设备折旧、管理人员的基本工资、车辆交强险等。选项 A、C、D 属于酌量性固定成本。

5.【答案】B

【解析】预计期末产成品存货量 = 下季度销售量 × 10%

预计期初产成品存货量 = 上季度期末产成品存货量

预计生产量 = 预计销售量 + 预计期末产成品存货量 − 预计期初产成品存货量

生产量 = 本期销售量 + 期末存货量 − 期初存货量 = $120 + 180 \times 20\% - 120 \times 20\%$ = 132(件)。

6.【答案】C

【解析】假设借入 x 万元,则 8 月份支付的利息 = $(100 + x) \times 1\%$,则 $x - 50 - (100 + x) \times 1\% \geqslant 10$,$x \geqslant 61.62$ 万元,x 为 1 万元的整数倍,可得 x 最小值为 62,即应向银行借款的最低金额为 62 万元。

7.【答案】D

【解析】例行性保护条款作为例行常规,在大多数借款合同中都会出现。主要包括:(1)定期向提供贷款的金融机构提交公司财务报表,以使债权人随时掌握公司的财务状况和经营成果。(2)保持存货储备量,不准在正常情况下出售较多的非产成品存货,以保持企业正常生产经营能力。(3)及时清偿债务,包括到期清偿应缴纳税金和其他债务，以防被罚款而造成不必要的现金流失。（4）不准以资产作其他承诺的担保或抵押。（5）不准贴现应收票据或出售应收账款，以避免或有负债等。选项 A、B、C 都属于例行性保护条款，选项 D 属于特殊性保护条款。

8.【答案】B

【解析】留存收益筹资不会发生筹资费用，但是留存收益的资本成本率，表现为股东追加投资要求的报酬率，所以是有资本成本的，选项 B 错误。

9.【答案】C

【解析】优先股股东无表决权，因此不影响普通股股东对企业的控制权，也基本上不会稀释普通股的权益。

10.【答案】D

【解析】通常经营性资产、经营性负债将会随销售额的变动而呈正比例变动，保持稳定的百分比关系。经营性资产项目包括库存现金、应收账款、存货等项目。经营性负债项目包括应付票据、应付账款等项目，不包括短期借款、短期融资券、长期负债等筹资性负债。

11.【答案】C

【解析】包括建设期的投资回收期（PP）＝最后一项为负值的累计净现金流量对应的年数＋（最后一项为负值的累计净现金流量绝对值／下一年度净现金流量）＝3＋（50/250）＝3.2（年），所以本题正确答案为选项 C。

12.【答案】D

【解析】价格风险指由于市场利率上升，使证券价格普遍下降的风险。证券资产的期限越长，市场利率上升时其价格下跌越剧烈，价格风险越大。到期风险附加率是投资者承担市场利率上升导致证券价格下降的利率变动风险的一种补偿。期限越长的证券，要求的到期风险附加率越大。

13.【答案】A

【解析】再投资风险是由于市场利率下降所造成的无法通过再投资而实现预期收益的可能性。

14.【答案】B

【解析】

（1）设企业销售收入为 x，则按照销售收入计算的存货周转次数有：x/存货 ＝5，存货 ＝x/5；

（2）按照销售成本计算的存货周转次数有：4＝（x－2 000）/存货，存货 ＝（x－2 000）/4；

（3）解方程：x/5＝（x－2 000）/4，可以得出，x＝10 000 万元；

（4）销售净利率 ＝1 000/10 000×100%＝10%。

15.【答案】C

【解析】衡量企业总风险的指标是总杠杆系数，总杠杆系数 ＝经营杠杆系数×财务杠杆系数，在边际贡献大于固定成本的情况下，选项 A、B、D 均会降低经营杠杆系数，从而导致总杠杆系数降低，降低企业总风险；选项 C 提高资产负债率，导致债务比重增加，固定资本成本增加，会导致财务杠杆系数变大、总杠杆系数变大，从而提高企业总风险。

16.【答案】D

【解析】协商价格的上限是市场价格，下限则是单位变动成本。

17.【答案】A

【解析】来年预计利润 = 收入 – 变动成本 – 固定成本 = 20×50 – 20×50×(1 – 40%) – 300 = 100（万元）。假设单价增长 10%，达到 55 元，单位变动成本不变还是 30，由于单价变动，所以不能用原来的边际贡献率来计算。预计利润 = 20×55 – 20×30 – 300 = 200（万元），利润变动率 = (200 – 100)/100 = 100%，单价的敏感系数 = 100%/10% = 10。

18.【答案】C

【解析】采用固定股利支付率政策，要求公司每年按固定比例从净利润中支付股利。由于公司的盈利能力在年度间是经常波动的，因此每年的股利也应随着公司收益的变动而变动，保持股利与利润间的一定比例关系，体现风险投资与风险收益的对等。

19.【答案】D

【解析】代理理论认为股利的支付能够有效地降低代理成本。原因如下：（1）减少了管理者对自由现金流量的支配权，可以抑制公司管理者的过度投资或在职消费行为。（2）支付较多的现金股利，导致公司进入资本市场寻求外部融资，便于通过资本市场的监督减少代理成本。但是较高的股利支付水平会导致外部融资成本上升。

20.【答案】B

【解析】发放 10% 的股票股利，并且按照市价计算股票股利价格，则从未分配利润项目划转出的资金为：10×25 = 250（万元），由于股票面值（1 元）不变，股本应增加：100×10%×1 = 10（万元），其余的 240 万元（250 – 10）应作为股票溢价转至资本公积。

二、多项选择题

1.【答案】BD

【解析】递延年金现值的测算一般分为两种方法：一是先将递延年金视为 n 期的普通年金，求出在 m 期期末普通年金现值，然后再将其折算到第一期期初：P = A×(P/A, i, n)×(P/F, i, m)；二是先计算 m+n 期年金现值，然后再减去 m 期年金现值：P = A×[(P/A, i, m+n) – (P/A, i, m)]。本题中，现金流入是在第 4 年期初发生，因此题目中递延期 m = 2，n = 5，因此选项 B、D 是正确的。

2.【答案】BD

【解析】β = 1 时，资产的必要收益率 = 无风险收益率 + β×（市场平均收益率 – 无风险收益率）= 无风险收益率 + 1×（市场平均收益率 – 无风险收益率）= 市场平均收益率，选项 B 正确。β 系数也可以是负数或者 0，不一定是正数，如果 β 系数为负数的话，市场风险溢酬提高，资产的必要收益率是降低的，选项 A、C 不正确。市场风险溢酬，它反映的是市场作为整体对风险的平均"容忍"程度，如果市场对风险的平均容忍程度越高，则市场风险溢酬越小，选项 D 正确。

3.【答案】AB

【解析】2024 年 3 月 31 日资产负债表应收账款项目金额 $= 350 \times 10\% + 380 \times 30\% = 149$（万元）；2024 年 3 月的销售现金流入 $= 220 \times 10\% + 350 \times 20\% + 380 \times 70\% = 358$（万元）。

4.【答案】BC

【解析】留存收益筹资和普通股筹资属于股权筹资，股权筹资可以降低财务风险；银行借款筹资和融资租赁筹资属于债务筹资，会提高财务风险。

5.【答案】ABC

【解析】本题考查的知识点是政府出资产业投资基金的认定需要符合的条件。对于政府出资产业投资基金的认定需要符合四个条件：（1）中央、省级或计划单列市人民政府（含所属部门、直属机构）批复设立，且批复文件或其他文件中明确了政府出资的；政府认缴出资比例不低于基金总规模的 10%（选项 A 正确），其中，党中央、国务院批准设立的，政府认缴出资比例不低于基金总规模的 5%（选项 B 正确）。（2）符合《政府出资产业投资基金管理暂行办法》（发改财金规〔2016〕2800 号）和《政府投资基金暂行管理办法》（财预〔2015〕210 号）有关规定。（3）基金投向符合产业政策、投资政策等国家宏观管理政策（选项 C 正确）。（4）基金运作不涉及新增地方政府隐性债务（选项 D 错误）。

6.【答案】CD

【解析】在宽松的流动资产投资策略下，企业将保持较高的流动资产，增加流动资产投资会增加流动资产的持有成本，降低资产的收益性，但会提高资产的流动性，短缺成本会降低，偿债能力提高。

7.【答案】ABCD

【解析】基金投资是指基金投资者通过投资组合的方式进行投资，实现利益共享、风险共担。证券投资基金的特点有：（1）集合理财实现专业化管理；（2）通过组合投资实现分散风险的目的；（3）投资者利益共享且风险共担；（4）权力隔离的运作机制；（5）严格的监管制度。

8.【答案】ABC

【解析】本题考查的是应收账款保理的作用。应收账款保理对于企业而言，其财务管理作用主要体现在以下四个方面：（1）融资功能（选项 C 正确）；（2）减轻企业应收账款的管理负担（选项 A 正确）；（3）减少坏账损失、降低经营风险（选项 B 正确）；（4）改善企业的财务结构。应收账款保理不属于资产证券化，选项 D 错误。

9.【答案】ABC

【解析】原材料质量低劣，会造成生产中材料用量增加，同时也会造成生产效率降低，多耗用工时，所以引起直接材料成本的用量差异、直接人工成本的效率差异和变动制造费用的效率差异向不利方面扩大，但不影响固定制造费用的能量差异。

10.【答案】AD

【解析】价格运用策略中，使用产品寿命周期定价策略，在推广期应采用低价促销策略；成长期应采用中等价格促销策略；成熟期应采用高价促销策略，定价时必须考虑竞争者的情况，以保持现有市场销售量；衰退期应降价促销或维持现价并辅之以折扣等，同时积极开发新产品。

三、判断题

1.【答案】√

【解析】财务预算主要包括资金预算和预计财务报表，它是全面预算体系的最后环节，它是从价值方面总括地反映企业经营预算和专门决策预算的结果，所以也将其称为总预算。

2.【答案】×

【解析】总资产周转率指标用于衡量总资产赚取收入的能力，用以评价企业的营运能力。

3.【答案】×

【解析】例行性保护条款作为例行常规，在大多数借款合同中都会出现。主要包括：（1）要求定期向提供贷款的金融机构提交财务报表。（2）不准在正常情况下出售较多的非产成品存货，以保持企业正常生产经营能力。（3）如期清偿应缴纳的税金和其他到期债务，以防被罚款而造成不必要的现金流失。（4）不准以资产作其他承诺的担保或抵押。（5）不准贴现应收票据或出售应收账款，以避免或有负债等。

4.【答案】×

【解析】双重股权结构，也称 AB 股制度，即同股不同权结构。在 AB 股制度下，公司股票分为 A、B 两类，通常，A 类股票 1 股有 1 票投票权，B 类股票 1 股有 N 票投票权。其中，A 类股票通常由投资人和公众股东持有，B 类股票通常由创业团队持有。在这种股权结构下，公司可以实现控制权不流失的目的，降低公司被恶意收购的可能性。

5.【答案】√

【解析】权益乘数 = 资产/所有者权益 = 2，所有者权益 = 资产/2 = 50/2 = 25（万元）。

负债 = 资产 − 所有者权益 = 50 − 25 = 25（万元）

利息 = 负债 × 利息率 = 25 × 8% = 2（万元）

税前利润 = 净利润/（1 − 所得税税率）= 7.5/（1 − 25%）= 10（万元）

边际贡献 = 税前利润 + 利息费用 + 固定成本 = 10 + 2 + 8 = 20（万元）

总杠杆系数 = 边际贡献/税前利润 = 20/10 = 2

6.【答案】√

【解析】采用加速折旧法时，前若干年计提的折旧多，利润少，上缴的所得税少，所得税后的现金流量大，后若干年正好相反，但因前若干年的现金流量折现成的现值比较大，因此计算出来的净现值也比较大。

7.【答案】×

【解析】企业持有产成品存货除了为防止意外事件的发生外，还有其他目标，比如有利于销售；另外，为了维持均衡生产，降低产品成本，也需要持有产成品存货。

8.【答案】√

【解析】企业实行"收支两条线"管理模式的目的如下：（1）对企业范围内的现金进行集中管理，减少现金持有成本，加速资金周转，提高资金使用效率。（2）以实施"收支两条线"为切入点，通过高效的价值化管理来提高企业效益。

9.【答案】×

【解析】本题考查股票回购。由于信息不对称和预期差异，证券市场上的公司股票价格可能被低估，而过低的股价将会对公司产生负面影响。一般情况下，投资者会认为股票回购意味着公司认为其股票价值被低估而采取的应对措施。

10.【答案】×

【解析】营业现金比率是指企业经营活动现金流量净额与企业营业收入的比值。其计算公式为：营业现金比率＝经营活动现金流量净额/销售收入。

四、计算分析题

1.【答案】

（1）经营性现金流入＝2 月销售收现＋3 月销售收现＋4 月销售收现
$$＝36\,000×10\%＋41\,000×20\%＋40\,000×70\%＝39\,800（万元）$$

（2）经营性现金流出＝应付账款＋当月采购付现＋工资费用＋制造费用＋营业费用＋支付消费税＋预缴所得税＝5\,000＋8\,000×70\%＋8\,400＋（8\,000－4\,000）＋1\,000＋40\,000×10\%＋1\,900＝29\,900（万元）

（3）现金余缺＝月初余额＋本月经营性现金收入－本月经营性现金支出－本月资本性现金支出
$$＝80＋39\,800－29\,900－12\,000＝－2\,020（万元）$$

（4）应向银行借款的最低金额＝现金短缺＋月末要求的最低现金余额
$$＝2\,020＋100＝2\,120（万元）$$

（5）4 月末应收账款余额＝3 月销售额的未收现部分＋4 月销售额的未收现部分
$$＝41\,000×10\%＋40\,000×30\%＝16\,100（万元）$$

2.【答案】

（1）直接材料价格差异＝（1.5－1.6）×24\,000＝－2\,400（元）

直接材料数量差异＝（24\,000－5\,000×5）×1.6＝－1\,600（元）

直接材料成本差异＝－2\,400－1\,600＝－4\,000（元）

（2）直接人工的工资率差异＝（20－19）×5\,000＝5\,000（元）

直接人工的人工效率差异＝（5\,000－5\,000×1.2）×19＝－19\,000（元）

直接人工成本差异＝5\,000－19\,000＝－14\,000（元）

（3）变动制造费用的耗费差异＝（15－12.5）×8\,000＝20\,000（元）

变动制造费用的效率差异 $= (8\ 000 - 5\ 000 \times 1.6) \times 12.5 = 0$

变动制造费用的成本差异 $= 20\ 000$ 元

（4）固定制造费用的耗费差异 $= 8\ 000 \times 10 - 6\ 000 \times 1.5 \times 8 = 8\ 000$（元）

固定制造费用的产量差异 $= (6\ 000 \times 1.5 - 8\ 000) \times 8 = 8\ 000$（元）

固定制造费用的效率差异 $= (8\ 000 - 5\ 000 \times 1.5) \times 8 = 4\ 000$（元）

固定制造费用的成本差异 $= 8\ 000 + 8\ 000 + 4\ 000 = 20\ 000$（元）

3. 【答案】

（1）2024 年末的流动比率 $= 1\ 800/1\ 200 = 1.5$

2024 年末的营运资金 $= 1\ 800 - 1\ 200 = 600$（万元）

（2）2024 年末的产权比率 $= 3\ 000/(4\ 000 - 3\ 000) = 3$

2024 年末的权益乘数 $= 4\ 000/(4\ 000 - 3\ 000) = 4$

（3）2024 年末的资产负债率 $= 3\ 000/4\ 000 = 75\%$

因为 2024 年末的资产负债率 75% 大于 65%，所以甲公司没有实现控制杠杆水平的目标。

五、综合题

1. 【答案】

（1）该公司目前的企业价值 $= 6\ 000 + 60\ 000 = 66\ 000$（万元）

由于净利润全部发放股利，所以，现金股利 = 税后净利润 $= (8\ 000 - 6\ 000 \times 5\%) \times (1 - 25\%) = 5\ 775$（万元）。

每股股利 $= 5\ 775/5\ 000 = 1.155$（元）

普通股资本成本 $= 1.155/12 = 9.625\%$

按照资本资产定价模型：$9.625\% = 3\% + \beta \times (8\% - 3\%)$

则股票的 β 系数 $= 1.325$

债务的税后资本成本 $= 5\% \times (1 - 25\%) = 3.75\%$

加权平均资本成本 $= 3.75\% \times (6\ 000/66\ 000) + 9.625\% \times (60\ 000/66\ 000) = 9.09\%$

（2）普通股资本成本 $= 3\% + 1.325 \times (1 + 3\%) \times (8\% - 3\%) = 9.82\%$

债务的税后资本成本 $= 5.2\% \times (1 - 25\%) = 3.9\%$

权益资本价值 $= (8\ 000 - 12\ 000 \times 5.2\%) \times (1 - 25\%)/9.82\% = 56\ 334.01$（万元）

企业价值 $= 12\ 000 + 56\ 334.01 = 68\ 334.01$（万元）

加权平均资本成本 $= 3.9\% \times (12\ 000/68\ 334.01) + 9.82\% \times (56\ 334.01/68\ 334.01) = 8.78\%$

（3）普通股资本成本 $= 3\% + 1.325 \times (1 + 5\%) \times (8\% - 3\%) = 9.96\%$

债务的税后资本成本 $= 5.5\% \times (1 - 25\%) = 4.125\%$

权益资本价值 $= (8\ 000 - 18\ 000 \times 5.5\%) \times (1 - 25\%)/9.96\% = 52\ 786.14$（万元）

企业价值 $= 18\ 000 + 52\ 786.14 = 70\ 786.14$（万元）

加权平均资本成本 $= 4.125\% \times (18\ 000/70\ 786.14) + 9.96\% \times (52\ 786.14/70\ 786.14) =$

8.48%

（4）甲公司应该采用第二种方案调整资本结构。因为在此资本结构下，加权平均资本成本最低，企业价值最大。

2.【答案】

（1）①税后年运行成本 $= 7\,500 \times (1 - 25\%) = 5\,625$（万元）

②每年折旧 $= (24\,000 - 3\,000)/10 = 2\,100$（万元）

每年折旧抵税 $= 2\,100 \times 25\% = 525$（万元）

③残值变现相关现金流 $= 3\,000 + (3\,000 - 3\,000) \times 25\% = 3\,000$（万元）

④$NCF_{1 \sim 9} = -5\,625 + 525 = -5\,100$（万元）

$NCF_{10} = -5\,100 + 3\,000 = -2\,100$（万元）

⑤$NPV = -24\,000 - 5\,100 \times (P/A, 10\%, 10) + 3\,000 \times (P/F, 10\%, 10) = -54\,180.45$（万元）

年金成本 $= 54\,180.45/(P/A, 10\%, 10) = 54\,180.45/6.1446 = 8\,817.57$（万元）

（2）①年折旧 $= (22\,500 - 2\,500)/10 = 2\,000$（万元）

目前账面价值 $= 22\,500 - 2\,000 \times 4 = 14\,500$（万元）

②目前资产报废损失 $= 14\,500 - 9\,500 = 5\,000$（万元）

③目前资产报废损失抵税 $= 5\,000 \times 25\% = 1\,250$（万元）

④最终残值报废损失抵税 $= (2\,500 - 2\,000) \times 25\% = 125$（万元）

（3）使用旧流水线的年金成本

$= 40\,037.54/(P/A, 10\%, 6)$

$= 40\,037.54/4.3553 = 9\,192.83$（万元）

因为继续使用旧流水线的年金成本 9\,192.83 万元高于购置新流水线的年金成本 8\,817.57 万元，所以应选择更新。